SchülerInnen im Februar 2018 auf dem jüdischen Friedhof in Krakau (jüdisches Viertel Kazimierz).

Folgende engagierte Schülerinnen und Schüler haben am Geschichtswettbewerb des Bundespräsidenten 2018/19 unter Leitung von Julia Christof teilgenommen und sich mit Beiträgen an diesem Buch beteiligt:

Simon Baumgartner

Lisa Buchauer

Kilian Fetsch

Paulina Gastl

Sabina Graßl

Laura Maitland

Jasmin Moser

Pascal Sing

Antonija Strinavić

Sarah Troll

Cornelius von Urff

Judith Wilms

Marcus Wimmer

Melanie Winkler

Bibliografische Information der Deutschen Nationalbibliothek

Die Deutsche Nationalbibliothek verzeichnet diese Publikation in
der Deutschen Nationalbibliografie; detaillierte bibliografische Daten
sind im Internet über http://dnb.d-nb.de abrufbar.

Originalausgabe, September 2019

© 2019   edition riedenburg

Anschrift   edition riedenburg, Anton-Hochmuth-Straße 8, 5020 Salzburg, Österreich

E-Mail   verlag@editionriedenburg.at

Internet   editionriedenburg.at

Dieses Buch enthält copyrightgeschützte Fotos aus Archiven, Museen und anderen öffentlichen Einrichtungen. Es gelten die entsprechenden Bestimmungen.

Umschlaggestaltung, Satz und Layout: edition riedenburg

Bildnachweis: Foto Stolpersteine Paulina Gastl; Passfotos siehe Bildnachweis; Ausstellungsfoto auf der Buchrückseite Paulina Gastl; Autorenfoto auf der Buchrückseite Tobias Spielmannleitner; Portrait Charlotte Knobloch © sl-pictures.de

Herstellung: Books on Demand GmbH, Norderstedt

ISBN 978-3-99082-030-8

Julia Christof und 14 Freisinger Gymnasiasten

Mit unbekanntem Ziel verreist?

Freisinger Juden im Nationalsozialismus

edition riedenburg

Inhaltsverzeichnis

Geleitwort   7

Einführung von Julia Christof   11

Danksagung   12

Wie alles begann   12

Ein Beitrag zum größten Geschichtswettbewerb in Deutschland   13

Mit unbekanntem Ziel verreist?   14

Jüdisches Leben in Freising   17

Familie Holzer   18
Bernhard und Henriette Holzer   18
Irma Holzer   19
Dr. Siegfried Holzer   20
Dr. Hedda Holzer   22
Oskar und Hanna Holzer   22
Ilse Holzer   24
Dr. Martin Holzer   25

Familie Lewin   27
Marcus und Johanna Lewin   27
Hildegard Lewin   28

Familie Neuburger   29
Ignaz und Lina Neuburger   29
Die Geschwister Alfred, Siegfried und Emma Neuburger   30

Max Schülein   33

Emma Reißermayer   35

Historische Bilddokumente   37

Unfreiwillige Wohnorte   63

Stationen in München   64

Barackenlager München-Milbertshofen   64

Internierungslager Clemens-August-Straße 9   65

Die Flachsröste Lohhof   66

Letzte Stationen   67

Auschwitz, Polen   68

Kaunas, Litauen   68

Piaski, Polen   69

Theresienstadt, Tschechien   69

Überlebende   71

Dr. Martin Holzer   72

Hildegard Lewin   72

Emma Reißermayer   73

Einblicke, Rückblicke, Ausblicke   75

Fürs Leben lernen   76

Warum wir forschen. Stimmen aus dem Projekt   78

Was bleibt   81

Anhang   83

Glossar   84

Zitatnachweis   85

Bildnachweis   94

Geleitwort

Liebe Leserinnen und Leser,

das Buch, das Sie in Händen halten, ist eine Notwendigkeit. Lange Zeit wurde die Geschichte der Freisinger Juden, die dem Terror des NS-Regimes ausgesetzt gewesen waren, nicht oder nur unvollständig erzählt: Lediglich kleine Gedenksteine sorgten dafür, dass wenigstens die Namen der ehemaligen Freisinger nicht verloren gingen. Doch was sagt dem uneingeweihten Betrachter schon ein Name?

Erst die Lebensgeschichte eines Menschen ermöglicht es uns schließlich, die Person hinter dem Namen wirklich kennenzulernen. Im Fall von NS-Opfern lässt erst sie das wahre Ausmaß von Verfolgung, Entrechtung, Unterdrückung und schließlich Vernichtung deutlich werden.

Just dieses Verständnis ist nötig, damit das Gedenken an die Opfer des Nationalsozialismus auch in Zukunft weitergetragen werden kann. Schon heute, fast ein Menschenleben nach dem Ende des Holocaust, ist die Zahl derjenigen, die diese Zeit bewusst miterlebt und auch *über*lebt haben, winzig; in den kommenden Jahren wird sie noch weiter abnehmen. In der bevorstehenden „Zeit ohne Zeitzeugen" die Erinnerung wachzuhalten, wird auch pädago-

gisch eine besondere Herausforderung – und ist gerade daher besonders wichtig. Nur wer die Vergangenheit kennt und weiß, wozu Menschen imstande waren, hat auch das Rüstzeug, um zu verhindern, dass etwas Vergleichbares sich noch einmal ereignet. Den Wiedergängern von Hass, Gewalt und Intoleranz muss jede Generation aufs Neue entgegentreten.

Das dafür nötige Wissen um die Historie hat im Falle Freisings das Projekt „Wenn Steine sprechen könnten", welches die Grundlage dieses Buches bildet, entscheidend gefördert. Die Lebensgeschichten 15 jüdischer Freisinger recherchierten auf der Grundlage vorhandener Studien die AbiturientInnen des Dom-Gymnasiums unter Anleitung von Frau Julia Christof und einem P-Seminar-Lehrer sowie mit Hilfe des Freisinger Stadtarchivars Florian Notter, denen besonderer Dank nicht nur für dieses Buch, sondern auch für das Verständnis von Geschichte gebührt, das sie den teilnehmenden SchülerInnen damit vermittelt haben.

Deren herausragende Leistung wurde völlig zu Recht bei einem Landes- und einem Bundeswettbewerb mit Preisen ausgezeichnet und beeindruckt jeden, der die fertige Ausstellung sieht – mich selbst ausdrücklich eingeschlossen. Der Ausstellung und auch diesem Buch wünsche ich daher auch in Zukunft ein möglichst großes Publikum aller Altersklassen. Denn auch wenn die Steine in Freising und andernorts nicht sprechen können: Wir, die wir erinnern, können es. Es ist und bleibt eine Notwendigkeit.

Charlotte Knobloch

Präsidentin der Israelitischen Kultusgemeinde München und Oberbayern

Einführung von Julia Christof

Danksagung

Im Namen aller Beteiligten an diesem Projekt danke ich ...

... Frau Dr. Heike Wolter, die mich bereits 2016 in ihrem Seminar zu dem Projekt ermutigte und von Anfang an immer unterstützt hat. Sie stand mir fachlich, aber darüber hinaus auch immer wieder moralisch und mit Rat und Tat zur Seite. Ohne ihre Unterstützung im Hintergrund wäre das Projekt nicht zu einem solch erfolgreichen Abschluss gekommen.

... dem Stadtarchiv Freising unter Leitung von Florian Notter, der uns mit seinen MitarbeiterInnen immer hilfreich zur Seite stand und uns zahlreiche lokale Quellen zur Verfügung gestellt hat.

... dem Stadtarchiv München für Quellenrecherche, Informationen und Hilfestellung, namentlich: Dr. Andreas Hauser, Maximilian Strnad und Brigitte Schmidt.

... dem Dom-Gymnasium Freising, das das P-Seminar ermöglicht hat, aus dem der Wettbewerbsbeitrag hervorging.

... dem Elternbeirat des Dom-Gymnasiums, der finanziell die dem Buch vorangehende Ausstellung unterstützte.

... Sandra Maurer (geborene Pfeiffer), die mit ihrer Facharbeit einen ersten Beitrag zur lokalen Geschichte Freisings und Pionierarbeit in der Aufarbeitung der jüdischen Geschichte geleistet hat und unseren Startpunkt der Recherche markierte.

... dem Bayerischen Hauptstaatsarchiv und dem Landesentschädigungsamt Bayern für ihre Auskünfte.

... den unzähligen kleinen Archiven, die uns immer wieder neue Hinweise geben konnten: Stadtarchiv Weiden, Gemeindearchiv Vaterstetten, Gemeinde Zorneding, Standesamt Töging am Inn, Universitätsarchiv Greifswald, Universitätsarchiv der LMU München.

... dem Historiker und Zeitzeugen Dr. Theodor Straub aus Ingolstadt, der die Geschichten der Familie Holzer, die sich in Ingolstadt niederließ, und der Familie Schülein veröffentlichte und uns bei Fragen zur Vorgeschichte weiterhelfen konnte.

... Walter von Molo und Otto Kudrus als Zeitzeugen des Nationalsozialismus in Freising für interessante Gespräche und persönliche Erinnerungen, die sie mit uns teilten.

... dem Lindenkeller und der Stadtbücherei Freising für die gelungenen Ausstellungen in ihren Räumlichkeiten.

... Franz Holzer für das schöne Gespräch im Haus seines Großvaters, des Bruders von Oskar und Bernhard Holzer.

... Caroline Oblasser, Verlagsleiterin der edition riedenburg, die uns unterstützte, die Freisinger Geschichte zu veröffentlichen.

... Patrick Dahlke für seine Unterstützung beim Projekt und der Bucherstellung.

Wie alles begann

Die Projektidee selbst entstand in einem Geschichtsseminar an der Universität Regensburg mit dem Titel „Auschwitz im Geschichtsunterricht". Angehende Lehrkräfte setzten sich dabei im Rahmen einer Exkursion zur Gedenkstätte Auschwitz mit dem lokalgeschichtlichen Zugang zum Holocaust auseinander. Ich entschied mich, den Lebensspuren der Freisinger jüdischen Familien nachzugehen.

In einer Stadt wie Freising wird im Gegensatz zu Großstädten wie München die lokale Geschichte des Nationalsozialismus vor allem durch LokalhistorikerInnen, unter anderem durch den Historischen Verein Freising oder das Stadtarchiv Freising, exemplarisch bearbeitet. Die Verlegung der vor Ort vorhandenen Stolpersteine wurde auf private Initiativen veranlasst. Es waren also wichtige Schritte getan, aber gerade die Stolpersteine brachten mich zum Nachdenken: Schließlich offenbaren sie nur wenige Informationen zu jenen Menschen, derer man gedachte.

Nicht zuletzt deshalb fand ich: Die persönlichen Geschichten der 15 jüdischen BürgerInnen der Stadt Freising im Jahr 1933 sollten gerade wegen der nationalsozialistischen Bemühungen, jüdisches Leben und jüdische Kultur dauerhaft zu vernichten und Juden unsichtbar zu machen, in der Gegenwart und für die Zukunft wieder sichtbar gemacht werden und der Freisinger Bevölkerung zur Verfügung stehen. Für meinen Plan wollte ich Schülerinnen und Schüler gewinnen. Unsere gemeinsame Arbeit im Rahmen eines sogenannten Projekt-Seminars (P-Seminar) sollte dem Vergessen entgegenwirken und einen wichtigen Beitrag zur städtischen Erinnerungskultur leisten.

Bevor das P-Seminar an der Schule begann, recherchierte ich in zahlreichen Archiven und sammelte etliche Quellen zur Bearbeitung und Interpretation für die SchülerInnen. Ich organisierte Termine im Stadtarchiv Freising und München sowie im Jüdischen Museum München. Anderes ließ ich offen, wie die Entscheidung, in welcher Form die jungen Menschen ihre Ergebnisse der Öffentlichkeit zugänglich machen wollten. Betreut wurde der Kurs durch einen Geschichtslehrer und mich, später initiierte ich

eine Teilnahme am Geschichtswettbewerb des Bundespräsidenten. Der Titel des Seminars und des Wettbewerbsbeitrags lautete:

„Wenn Steine sprechen könnten … Jüdisches Leben in Freising zur Zeit des Nationalsozialismus"

Ein Beitrag zum größten Geschichtswettbewerb in Deutschland

Der Geschichtswettbewerb des Bundespräsidenten, der seit 1973 von der Körber-Stiftung durchgeführt wird, ermutigt junge Menschen, sich mit Geschichte zu befassen. Vor allem die Lokalgeschichte steht hierbei im Fokus. Kinder und Jugendliche sollen so selbst zu Geschichtsforschern werden. Alle zwei Jahre ist ein neues Thema das Leitmotiv, unter dem man aktiv werden kann. 2018/19 war es „So geht's nicht weiter. Krise, Umbruch, Aufbruch".[i]

Neben diesem historischen Wettbewerb gibt es noch zahlreiche andere, wie beispielsweise den bayerischen Landeswettbewerb „Erinnerungszeichen", der jährlich vom bayerischen Kultusministerium veranstaltet wird. Diese Wettbewerbe – in denen das Freisinger Projekt schließlich jeweils mit einem Landespreis bedacht wurde – waren eine wichtige Motivation für unser Projekt. Über das konkrete Thema stolperten wir regelrecht, als wir folgenden Auszug aus dem Talmud entdeckten: „Ein Mensch ist erst vergessen, wenn sein Name vergessen ist."

Mit diesem Zitat erklärt der Künstler Gunter Demnig unter anderem seine Intention hinter dem Projekt Stolpersteine. Die Messing-Steine, die zur Erinnerung an die Opfer des Nationalsozialismus in den Boden eingelassen sind, liegen vor jenem Wohnort, den die Verfolgten als letzten freiwillig ausgewählt haben. Seit dem Jahr 2000 verlegt Gunter Demnig die Stolpersteine, und fast alle der mittlerweile über 70.000 Steine in bislang 21 Ländern Europas installierte er selbst vor Ort.[ii]

Im Lokalbereich stolpern die Passanten dann im übertragenen Sinn über die Steine und halten vielleicht kurz inne, um der Opfer zu gedenken. Manch einer wird sich fragen, wer die Menschen, die hier einst wohnten, gewesen sind, wie sie aussahen, welcher Arbeit sie nachgingen und was sie gern in ihrer Freizeit unternahmen. Genau diese Fragen waren der Ausgangspunkt für das lokalgeschichtliche Projekt, dessen Rechercheergebnisse im vorliegenden Buch zusammengefasst sind.

Mit unbekanntem Ziel verreist?

Das Zitat, das auf dem Buch-Cover zu finden ist – „Mit unbekanntem Ziel verreist" – stammt aus einem Zeitungsartikel mit dem Titel „Deutsche unter Deutschen" im *Freisinger Tagblatt* vom 15. November 1938.[iii] Dort heißt es propagandistisch über die Folgen der Pogromnacht vom 9. November, in der jüdische Geschäfte zerstört, Synagogen angezündet und Juden verschleppt worden waren:

„Ihnen allen ist nun unter dem Einbruch der Ereignisse der letzten Woche der Boden hier zu heiß geworden und sie haben es vorgezogen, mit unbekanntem Ziel zu verreisen."

In beschönigender Art beschreibt der erwähnte Artikel, dass die Hetze und Verfolgung, denen die Freisinger Juden seit damals bereits über

fünf Jahren ausgesetzt waren, nun auch die Letzten von ihnen davon überzeugt haben, die Stadt zu verlassen.

Dass der „Boden hier zu heiß geworden" ist, verharmlost die damalige Situation zutiefst. Auch die Aussage, die Juden seien „mit unbekanntem Ziel verreist", beschwört Bilder von Urlaub oder einer Auswanderung mit schönem Ziel herauf. Bis auf zwei Freisinger Juden zogen jedoch alle Betroffenen unter schwierigen Umständen zuerst einmal nach München und versuchten von dort aus, dem NS-Regime und der Verfolgung zu entkommen. Vergeblich.

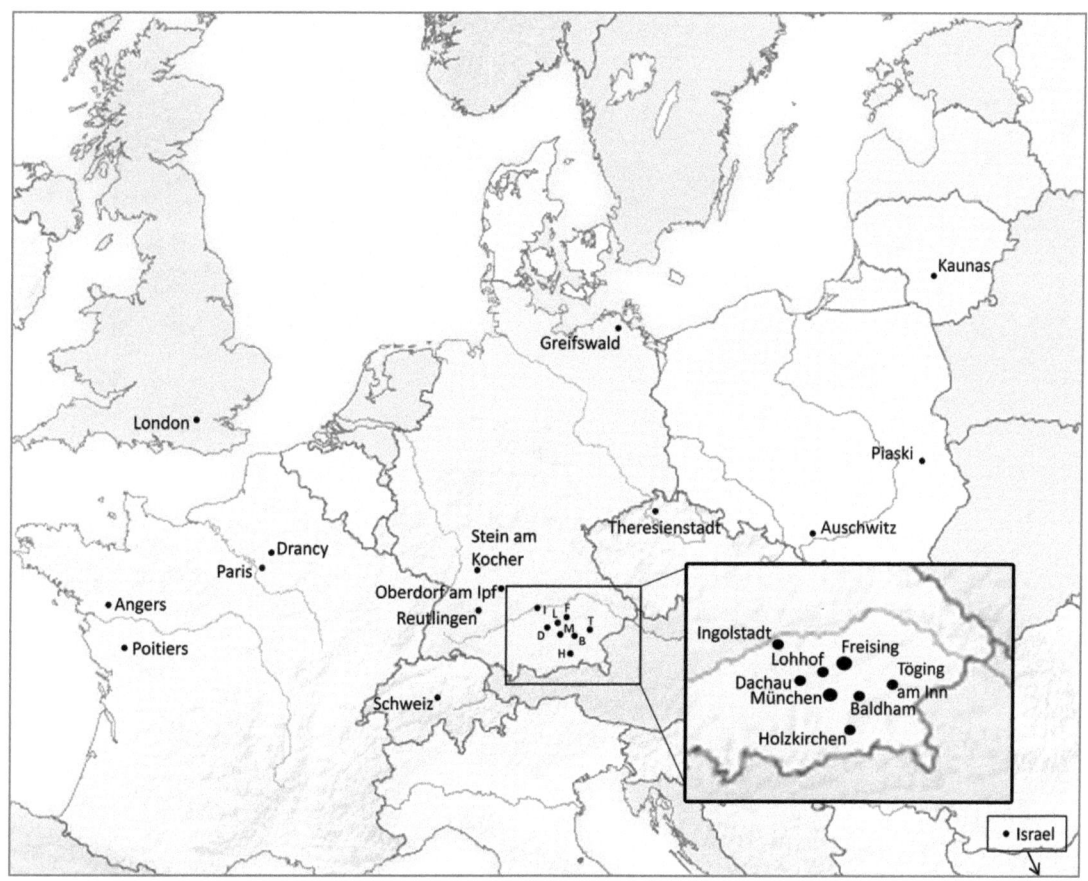

Die Orte auf dieser Karte waren wichtige, oft nicht freiwillige Stationen in den Biografien jener Freisinger Juden, deren Lebenswege in diesem Buch nachgezeichnet werden.

Jüdisches Leben in Freising

Familie Holzer

Bernhard und

Henriette Holzer

Pascal Sing

Um 1900 gab es drei große jüdische Geschäftshäuser in Freising: Das Warenhaus Neuburger, das Kaufhaus Max Krell Nachfolger und noch ein weiteres Warenhaus in der heutigen Oberen Hauptstraße 9, welches den Brüdern Bernhard und Oskar Holzer gehörte.[1]

Bernhard wurde am 21. November 1867 in Stein am Kocher geboren, das im Kreis Moosbach in Baden liegt (heute Neuenstadt am Kocher, Landkreis Heilbronn). Er war der Sohn des Kaufmanns Jakob und seiner Frau Fanny Holzer, eine geborene Pappenheimer.[2] Der Vater Jakob darf dabei durchaus als gläubiger Jude gesehen werden. So geht aus der *Süddeutschen Israelitischen Wochenschrift* aus dem Jahre 1924 hervor, dass „er [Jakob Holzer] am Jomkischur das Minchah-Gebet seit Jahrzehnten verrichtet hat".[3] Zudem kann wohl sicherlich angenommen werden, dass nur ausgewählte Mitglieder der jüdischen Gemeinde dieses hohe Amt innehatten und somit der Kaufmann besonderes Ansehen genossen haben muss.

Die Holzers kamen 1892 nach Freising[4] und wohnten seit 1896 in dem neu erbauten Wohn- und Geschäftshaus in der Mittleren Hauptstraße 7 im ersten Stock, das bis 1802 als Domherrenhof bekannt war und von den Holzers so umgebaut wurde, wie es bis heute besteht.[5] Sie besaßen die bayerische (zuvor die badische) Staatsangehörigkeit und das volle Bürgerrecht. Das Geschäft war etwas kleiner als die Räum-

lichkeiten der konkurrierenden Warenhausbesitzer Neuburger und mehr auf Stadtkundschaft ausgerichtet. Es besaß auch einen Telefonanschluss, im Vergleich zu den anderen Personen im Adressbuch von Freising waren sie damit eine Ausnahme.[6]

In ihren Geschäftsräumen verkauften die Brüder Bernhard und Oskar Schnitt- und Manufakturwaren.[7] In einer Werbeanzeige von 1929 sieht man die Vielfalt des Angebots: Von Damen- über Herren- bis Kinderwäsche, Brautausstattungen, Teppichen und Vorhängen war alles dabei.[8] Auch innerhalb des durchaus katholisch geprägten Freising schienen sich die Holzers – selbst israelitisch – gut einzufügen, so machten sie beispielsweise damit Werbung, weiße Kleider für Fronleichnam zu verkaufen.[9] In ihrem Geschäft beschäftigten sie einen Angestellten, drei Verkäuferinnen und sogar einen Lehrling.[10]

Bernhards Frau, Henriette Neumaier, wurde am 12. Februar 1874 in Oberdorf am Ipf im Kreis Aalen/Neresheim in Württemberg geboren. Sie war die Tochter des jüdischen Viehhändlers Isaak Neumaier und seiner Frau Amalie Neumaier, geborene Weil.[11] Bernhard und Jette heirateten schließlich am 23. August 1894 in München.[12] Beide Familien waren jüdischen Glaubens.[13] Henriette wohnte seit ihrer Hochzeit bei der Familie ihres Mannes.[14] Die beiden bekamen zwei Kinder: Irma und Siegfried.[15]

Ebenso wie für die anderen jüdischen Familien Freisings und überall im Deutschen Reich begann für die Familie Holzer mit dem Boykottaufruf gegen jüdische Geschäfte am 1. April 1933 ein Leid, welches sich mit der Zeit immer weiter verstärken sollte.[16] Doch blieben die Familienmitglieder trotz der wachsenden Gefahr für Leib und Leben die kommenden vier Jahre in Freising. Es war eine Zeit, in der sie die Ausgrenzung durch die Nationalsozialisten besonders zu spüren bekamen.

Auch während der Reichspogromnacht 1938 spürte die Familie die Gefahr durch die Nationalsozialisten: Bernhard Holzer war bereits am Nachmittag inhaftiert und nach München gebracht worden. Etwa 200 Personen der angeblichen Protestkundgebung positionierten sich vor dem Haus der Familie Holzer und zwangen die Tochter zu einem öffentlichen Spießrutenlauf.[17] Schließlich vermeldete das *Freisinger Tagblatt* am 15. November 1938, die Stadt sei „endlich judenfrei" und alle Menschen jüdischen Glaubens seien vertrieben.[18]

Dies traf auch auf die Familie Holzer zu, welche sich gezwungen sah, nach München zu ziehen, um der Gewalt zu entkommen. Ebenso wurde im November 1938 das Konto der Familie Holzer offiziell auf Anordnung des Oberfinanzpräsidenten München gesperrt. Sie hatten daher keinen Zugang mehr zu ihrem Vermögen.[19] Bernhards Bruder Oskar Holzer wurde gezwungen, das Geschäft 1938 für einen Spottpreis von 40 000 Reichsmark[20] an den Kaufmann Obster zu verkaufen. Er verpflichtete sich sogar vertraglich dazu, innerhalb der nächsten zehn Jahre kein Konkurrenzgeschäft im Umkreis von 30 Kilometern zu eröffnen.[21]

Die Familie Holzer wohnte ab dem 2. Dezember 1938 in der Rumfordstraße 38/II bei Kornhauser.[22] Nun begann für sie eine unruhige, wohl auch beängstigende Zeit, geprägt von ständigen Umzügen. Als Nächstes kamen sie in der Trogerstraße 44/0 bei Willi Wolf Holzer unter, einem Verwandten der Familie, der als Vieh- und Pferdehändler sein Geld verdient hatte. Er wurde später, nach seiner Deportation nach Theresienstadt, am 22. Juli 1942 im Vernichtungslager Treblinka im besetzten Polen ermordet.[23]

Nach dem Aufenthalt bei Willi Wolf Holzer wurde die Familie zusammen mit anderen Juden in ein Barackenlager in der Knorrstraße 148 gebracht. Ein Ort, von dem es keinen Weg mehr zurück in die Freiheit gab. Das Datum ihrer endgültigen Inhaftierung im Barackenlager war der 15. Januar 1942.[24]

Es dauerte auch bei Bernhard und Jette Holzer nicht lange, bis der grauenvolle Tag anbrach, an dem das Barackenlager geräumt und die inhaftierten Menschen mit dem Transport II/9 nach Theresienstadt deportiert wurden. Es war der 24. Juni 1942. Bernhard erhielt die Deportationsnummer 402 und Henriette die 403. In Theresienstadt – es diente als Vorzeigelager der Nationalsozialisten, unterschied sich aber in den Lebensverhältnissen tatsächlich kaum vom Horror anderer Lager – fand das Ehepaar schließlich den Tod. Henriette Holzer starb am 4. Mai 1943 im Ghetto an Misshandlungen der SS-Wachen. Bernhard Holzer wurde unter nicht vollständig geklärten Umständen am 12. Mai 1943 ermordet und zwei Tage später in einem der dortigen Krematorien verbrannt.[25]

Bernhards und Jettes Habseligkeiten wurden nach ihrer Ermordung ihren nächsten Verwandten ausgehändigt. Hedda Holzer (geb. von Marck) wurde – so erzählen es die Akten des *Landesentschädigungsamtes* – schließlich die Alleinerbin des gesamten Besitzes.[26]

Irma Holzer

Sarah Troll

Irma Holzer wurde am 25. Februar 1896 in Freising geboren.[27] Ihre Eltern, Bernhard Holzer und Jette Holzer (geb. Neumaier),[28] hatten außer ihr noch einen Sohn, Siegfried Holzer.[29]

Irma wuchs in der Mittleren Hauptstraße 7 auf.[30] Im gleichen Haus betrieb ihr Vater mit ihrem Onkel das Textilwarenhaus Holzer.[31] Irma besuchte eine höhere Töchterschule und erlernte dort so- gar Englisch, was ein Anzeichen für eine höhere Bildung war.[32]

Im Jahr 1938 musste die Familie Holzer ihr Warenhaus im Zuge der „Verordnung über die Anmeldung des Vermögens von Juden" abgeben – eine der vielen Stationen der Ausgrenzung, die Irma Holzer erlebte. Ihr Bruder, der die Situation für sich und seine Frau als zu gefährlich einschätzte, verließ Bayern und emigrierte.[33]

Im Zuge der Ausschreitungen der Reichspogromnacht am 10. November 1938 wurde Irma dann von einer großen Gruppe Freisinger Bürger – wer genau, ist unklar – öffentlich gedemütigt und gezwungen, Freising zu verlassen.[34] Im *Bericht der Gestapo* heißt es:

„Sie forderten, dass die Tochter des Juden, Irma Holzer, eine äusserst freche und unverschämte Jüdin herauskomme. [ ] Nun wurde sie auf der Strasse etwa 100m weit zum ‚Anschauen' herumgeführt. Sie wurde nicht geschlagen, erlitt auch keinerlei Verletzungen. Es ist nur gerufen worden, sie solle aus Freising verschwinden. Von der Schutzpolizei der G. Freising wurde sie zu ihrem persönlichen Schutz in Haft genommen, im Polizeiarrest verwahrt und beim Morgengrauen wieder entlassen."[35]

Nachdem Irma 1938 die Stadt verlassen hatte – wie in einem weiteren Zeitungsartikel im *Freisinger Tagblatt* hämisch bemerkt wurde[36] –, leistete sie von Januar 1942 bis zu ihrer Deportation Zwangsarbeit in der Flachsröste Lohhof.[37] Dies geschah im Zusammenhang mit der *Anordnung des Präsidenten der Reichsanstalt für Arbeitsvermittlung und Arbeitslosenversicherung*, die besagte, dass Juden in speziellen Arbeitskommandos eingesetzt werden sollten, getrennt vom Rest der Belegschaft.[38] Irma Holzer musste wohl mit anderen jüdischen Frauen Flachs für die Weiterverarbeitung vorbereiten und dann daraus Garn herstellen.[39]

Irma wurde am 4. April 1942 in das jüdische Ghetto von Piaski bei Lublin deportiert, ihre Eltern mussten München kurz nach ihr Richtung Theresienstadt verlassen.[40]

Irma Holzers Spur verliert sich in Piaski,[41] aus der allgemeinen Geschichte des Ghettos Piaski ist bekannt, dass viele Menschen in das Vernichtungslager Bełżec, manche der Männer in das Arbeitslager Trawniki deportiert wurden.[42]

Dr. Siegfried Holzer

Cornelius von Urff

Siegfried Holzer wurde am 1. Juli 1897 in Freising als zweites Kind des Ehepaars Bernhard, der als Kaufmann arbeitete, und Henriette, geb. Neumaier, die Hausfrau war, geboren.[43]

Er besuchte in den Jahren 1903 bis 1907 die Volksschule in Freising und anschließend von 1907 bis 1916 das humanistische Dom-Gymnasium,[44] wo er sein Abitur mit so herausragendem Erfolg absolvierte, dass er die Anforderungen für ein Stipendium der Stiftung Maximilianeum erfüllt hätte, wenn diese sich nicht nur auf Schüler christlichen Glaubens beschränkt hätte.[45]

Im Jahresbericht 1965/66 heißt es wörtlich:

„Der weitaus überragende Schüler der Oberprima 1915/16 war Siegfried Holzer [...]. Er war während seiner ganzen Studienzeit ein Einser-Schüler. In seinem letzten Zeugnis heißt es: ‚Durch seinen auf alle Fächer verwandten Fleiß, der sich nicht nur auf das Pflichtgemäße beschränkte, durch sein wohlgesittetes Betragen und seine durchgehend hocherfreulichen Leistungen während seiner ganzen Studien-

zeit hat er sich die volle Anerkennung seiner sämtlichen Lehrer erworben.' In der Lehrerratssitzung vom 11.3.1916 wird eine Ministerialentschließung betreffend der Aufnahme ins Maximilianeum bekanntgegeben. Dabei wird von allen in der Oberklasse unterrichtenden Lehrern einstimmig festgestellt, daß Siegfried Holzer ,geistig hervorragend begabt und tadellos in seiner sittlichen Führung' sei und daß er demnach wohl würdig wäre, zur Aufnahme ins kgl. Maximilianeum vorgeschlagen zu werden. ,Trotzdem kommt er nicht in Frage, da er Israelit ist.'" [46]

Nachdem er sich auf eigenen Wunsch für den Kriegsdienst gemeldet hatte und für tauglich erklärt wurde, kämpfte Siegfried Holzer bis Herbst 1918 im Ersten Weltkrieg. Er erhielt mehrere Auszeichnungen, wie das Eiserne Kreuz zweiter Klasse und das Bayerische Militär-Verdienst-Kreuz. [47]

Ab dem Wintersemester 1916/17 war er bereits an der Ludwig-Maximilians-Universität München eingeschrieben, befand sich aber noch – wie im Verzeichnis der Studierenden vermerkt – „im Heere". [48] Von 1919 bis 1921 studierte er dann Vollzeit an der LMU sechs Semester lang Jura und Staatswirtschaft und absolvierte nach Abschluss des Studiums sein Referendariat am Amtsgericht Freising. [49] Während seines Studiums bildete er sich jedoch auch in anderen Wissenschaften weiter. So besuchte er auch Vorlesungen zum Thema Physik und Sozialpolitik. [50]

Nach erfolgreicher Promotion wurde er am 29. März 1922 an der Universität Erlangen mit seiner Dissertation Die Religionsvergehen nach den Entwürfen zu einem deutschen Strafgesetzbuche verglichen mit dem geltenden Rechte zum Doktor der Rechtswissenschaften ernannt. [51] In den folgenden Jahren war er in verschiedenen Kanzleien tätig, bis er um 1927 mit einem Bekannten eine eigene, rasch angesehene Kanzlei für Urheber- und Verlagsrecht in der Pfandhausstraße 8 in München gründete. Er besaß dort auch einen Telefonanschluss. [52]

Am 1. Oktober 1929 heiratete er die Protestantin Hedda Maria Elisabeth von Marck, mit der er seit seiner Studienzeit eng befreundet war und die er bei der Zusammenarbeit in einer Kanzlei näher kennenlernte. [53]

Im unmittelbaren Vorfeld der Pogromnacht im November 1938 verließ das Ehepaar angesichts der seit Jahren schwieriger werdenden Verhältnisse München und wanderte nach einem kurzen Zwischenstopp in der Schweiz nach Paris aus, wo beide auch eine Zeit lang offiziell gemeldet waren.

Als die Lage für die Juden auch in Paris immer gefährlicher wurde, versuchte Siegfried Anfang Juli 1942 bei Poitiers mit einem Bekannten über die Demarkationslinie in das unbesetzte Frankreich zu fliehen, wobei er aber verraten, gefangen genommen und in ein Lager gebracht wurde. Dabei wurde er durch einen Polizeihund schwer verletzt.

Nachdem er aus dem Lager heraus noch Kontakt zu seiner Ehefrau hatte, die ihn sogar einmal besuchte, [54] wurde er in das Lager Drancy und von da aus am 20. Juli 1942 mit ca. 825 Mithäftlingen nach Auschwitz deportiert. [55]

Am 20. August 1942, einen Monat nach seiner Deportation, wurde er in Auschwitz ermordet. [56] Seine Ehefrau Hedda überlebte die Shoa und beantragte nach dem Krieg Entschädigungszahlungen, die sie auch erhielt. [57]

Dr. Hedda Holzer

Kilian Fetsch

Hedda Marie Elisabeth von Marck wurde am 17. August 1895 als Tochter des Justizrats Prof. Dr. Hugo Eberhard von Marck und seiner Ehefrau Hedda, geb. von Behr, in Greifswald geboren. Sie wuchs in einem protestantischen Haushalt auf und besuchte in den Jahren 1902 bis 1912 das Private Lyzeum in Greifswald. Sie absolvierte die Reifeprüfung im Frühjahr 1917 an der königlichen Augusta-Schule in Berlin.

In den folgenden Jahren studierte sie an den Universitäten Greifswald und Marburg Rechtswissenschaften.[58] Seit ihrer Studienzeit war sie eng mit Siegfried Holzer befreundet. Beide wurden ungefähr zur selben Zeit zur Rechtsanwaltschaft zugelassen und verrichteten Hilfsarbeiten in größeren Kanzleien.[59] Anschließend promovierte Hedda an der Ernst-Moritz-Arndt-Universität in Greifswald und wurde am 20. August 1920 zum Doktor der Rechte ernannt.[60] Sie ehelichte am 1. Oktober 1929 Herrn Siegfried Holzer in München.[61] Nach der Hochzeit lebte das Ehepaar bis zum 5. November 1938 in der Andreestraße 4 in München.[62]

Anfang 1938 emigrierten beide auf legalem Wege über die Schweiz nach Frankreich, eine Flucht ihres Ehemannes in den unbesetzten Teil Frankreichs misslang. Hedda konnte ihn einmal in einem Lager bei Poitiers, wo er inhaftiert war, besuchen. Beide ahnten wohl schon, dass er nicht überleben würde.

Am 2. Februar 1943 entzog man Hedda die deutsche Staatsbürgerschaft. Ihr Aufenthaltsort zu dieser Zeit war laut den Akten im unbekannten Ausland. Mit dem Verfahren zur Entziehung der Staatsbürgerschaft verlor sie am 2. März 1943 auch ihre Doktorwürde.[63] Nach dem Krieg wohnte Hedda allein in der Avenue de la Porte de Montrouge in Paris. Sie bezog für gelegentliche Schreibarbeiten an der Faculté des Sciences ein geringes Einkommen und beantragte eine Entschädigung vom deutschen Staat beim Bayerischen Landesamt für Wiedergutmachung, dem späteren Landesentschädigungsamt. Diese wurde auch bestätigt, ebenso wie die ihres Schwagers Martin Holzer.[64]

Aufgrund der Erbverhältnisse ist anzunehmen, dass Hedda Holzer kein weiteres Mal verheiratet war und keine Nachkommen hatte.

Hedda Holzer verstarb am 30. August 1966 in Paris im Alter von 71 Jahren.[65] Am 19. Oktober 2000 erkannte die Universität Greifswald posthum ihre Doktorwürde wieder an.[66]

Oskar und Hanna Holzer

Laura Maitland und Judith Wilms

Oskar Holzer wurde am 10. März 1869 in Stein am Kocher geboren.[67] Er war der Sohn des Kaufmanns Jakob Holzer und seiner Frau Fanny, geborene Pappenheimer, aus Oberdorf an der Ipf. Die beiden hatten 1867 in Stein am Kocher geheiratet.[68]

Oskar hatte zwei Brüder, Bernhard und David, und drei Schwestern, Ida, Therese und Mathilde.[69] Der Vater war Synagogenvorstand und die Familie war in der Gemeinde hoch angesehen. Als Mutter Fanny Holzer am 18. März 1898 im Alter von nur 56 Jahren nach langem Leiden starb, kam das ganze Umland, selbst Menschen aus benachbarten Orten, unabhängig von der eigenen Religion zusammen, um ihr die letzte

Ehre zu erweisen.[70] Zu dieser Zeit lebte Oskar Holzer bereits in Freising, da er bereits 1892 in die Mittlere Hauptstraße 7, die heutige Obere Hauptstraße 9, gezogen war.[71]

Oskar lernte in seinem Geburtsort seine spätere Frau Hanna Neumeier kennen. Diese war am 6. April 1877 in Oberdorf in Württemberg geboren worden. Sie war die Tochter des Metzgers Sandel Neumeier und seiner Frau Mathilde, geborene Pappenheimer. Die beiden hatten am 5. Mai 1875 in Oberdorf geheiratet.[72]

Hanna war die älteste von vier Geschwistern. Ein Jahr nach ihr kam ihr Bruder David zur Welt, ein Jahr darauf ihr Bruder Max. Ihre kleine Schwester Jette wurde 1881 geboren.[73]

Am 5. Oktober 1896 heiratete Hanna Neumeier Oskar Holzer und zog im Oktober des Jahres zu ihm nach Freising.[74] Bereits ein Jahr später, am 17. August 1897, bekamen sie ihr erstes Kind Ilse.[75] Knapp zwei Jahre danach, am 18. März 1899, folgte ihr zweites Kind Martin.[76]

Hanna Holzer übte keinen eigenständigen Beruf aus, in ihrer *Kennkarte* aus dem Jahr 1938 wird sie als „Ehefrau" gelistet, wahrscheinlich war sie Hausfrau und half hin und wieder im Familienbetrieb mit. Ihr Aussehen wird folgendermaßen beschrieben: untersetzter Körperbau (eher klein und stämmig), graue Haare, graue Augen, eine Warze an der rechten Oberlippe und ein breites Gesicht. Sie besaß die deutsche Staatsbürgerschaft.[77]

Hanna und Oskar Holzer lebten mit Oskars Bruder Bernhard und dessen Familie zusammen, da die beiden Männer im Wohnhaus auch ihr Warenhaus „Gebrüder Holzer" betrieben[78] – ein Textil-, Mode- und Kurzwarengeschäft.[79] Die *Kennkarte* von 1938 beschreibt Oskars Aussehen: untersetzte Gestalt (eher klein und stämmig), ein breites Gesicht, braune Augen und weiße Haare.[80]

Ihre Familie und sie litten erheblich unter der Schikane und der antisemitischen Hetze der Nazis. 1933 wurde auch in Freising zum Boykott der jüdischen Geschäfte aufgerufen.[81]

Nur wenige Monate später kam es zur sogenannten „Störung des Weihnachtsfriedens". In der Nacht auf den 15. Dezember brachten Anhänger der NSDAP Transparente über der Hauptstraße an, unter anderem mit der Aufschrift „Sage mir, wo du einkaufst, und ich sage dir, wer du bist". Anhänger der SS sollen vor ihren Geschäften campiert und Kunden vor einem Einkauf abgeschreckt haben. Die Holzers und ein anderer jüdischer Inhaber eines Geschäfts beschwerten sich darüber. Die Transparente wurden entfernt, aber die Täter wurden strafrechtlich nicht weiter verfolgt. Allerdings sollen zu dieser Zeit auch des Öfteren Mitglieder der SS, SA oder NSDAP auf ihr Verhalten hin angesprochen und kritisiert worden sein.[82] Die immer stärker werdende antisemitische Stimmung im Ort und im Land entging der Familie nicht, zumal auch in der Zeitung immer mehr judenfeindliche Artikel auftauchten.[83] Gleichwohl blieben sie in Freising.

Zu diesem Zeitpunkt hatte sich die Lage der Juden in Deutschland bereits stark verschlechtert. Bis zum 15. Oktober 1938 war Oskar Holzer offizieller Inhaber der Firma „Gebrüder Holzer".[84] Im Zuge der Arisierung jüdischer Geschäfte übernahm Hans Obster, ebenfalls Inhaber eines Kleidungsgeschäfts, das Warenhaus inklusive aller vorhandenen Waren und Ausstattung für einen Spottpreis von 40.000 Reichsmark.[85] Außerdem verpflichtete er sich, zusammen mit seinem Bruder vertraglich innerhalb der nächsten zehn Jahre kein Konkurrenzgeschäft innerhalb eines Radius von 30 Kilometern zu eröffnen.[86]

Am 11. November war es im Zuge der Reichspogromnacht in Freising zu Ausschreitungen gegen Juden gekommen. Oskar war bereits am Tag zuvor im Konzentrationslager Dachau inhaftiert worden als „Aktionshäftling" mit der Haftnummer 20040. Er wurde dort bis zum 1. Dezember in „Schutzhaft" festgehalten.[87]

Noch im selben Jahr verließ die Familie Freising. Offiziell zogen Oskar Holzer und seine Frau am 29. November nach München in die Rumfordstraße 38/II, wenngleich das Datum wegen der beschriebenen Haft nicht ganz stimmen kann.[88]

Die Umzugsorte und Daten sind nicht genau bestimmbar. Sicher ist jedoch: Die Ainmillerstraße 29 war der letzte Wohnort von Oskar Holzer. Noch im November 1938 wurde das Konto der Familie Holzer offiziell auf Anordnung des Oberfinanzpräsidenten München gesperrt. Sie hatten daher keinen Zugang mehr zu ihrem Vermögen.[89]

Oskar Holzer verstarb am 25. April 1939 im Israelitischen Kranken- und Schwesternheim in der Hermann-Schmidt-Straße 5 an einem Gangrän der Ferse (eine Gewebenekrose als Folge von Blutunterversorgung) und einer Herzschwäche.[90] Die Zustände im Krankenheim waren nicht optimal für eine erfolgreiche medizinische Behandlung, da es sehr überfüllt war und unter Bewachung von SS und Gestapo stand.[91] Es war Juden bereits seit 1933 nicht mehr erlaubt, in nicht-jüdischen Krankenhäusern behandelt zu werden, daher auch die Überfüllung des israelitischen Krankenhauses.[92]

Bereits vor seiner Inhaftierung im Konzentrationslager Dachau war sein Gesundheitszustand nicht stabil, der Lageraufenthalt hatte sicher nicht zur Verbesserung beigetragen, eher noch ist davon auszugehen, dass die Verletzungen an den Fersen eine Folge der stundenlangen Appelle im KZ Dachau waren.[93] Auch wenn Oskar Holzers Tod nicht direkt durch das Naziregime verursacht wurde, musste er doch auf grausame Weise unter dessen Schikane und Verfolgung leiden und starb mittelbar an den Folgen. Sein Grab liegt auf dem Neuen Israelitischen Friedhof in München.[94]

Hanna blieb mit ihrer Tochter Ilse zurück.[95] Weitere Wohnorte der beiden – zwischendurch lebte Ilse offenbar auch einmal allein – könnten die Pettenkoferstraße 25 und die Schwanthalerstraße 91[96] gewesen sein.[97] Beide Straßen liegen nur wenige Minuten voneinander entfernt. Die jüdische Bevölkerung wurde zu dieser Zeit bereits in wenigen Vierteln gebündelt.

Mutter und Tochter wurden vor ihrer Deportation in das Internierungslager in der Clemens-August-Straße 9 eingewiesen. Nachdem ihre Deportation einmal um einige Tage nach hinten verschoben worden war, wurden sie schließlich mit einem Transport am 13. Juli 1942 nach Auschwitz gebracht.[98] Vermutlich wurde Hanna dort ermordet, ihre Spur verliert sich.[99]

Ilse Holzer

Lisa Buchauer und Antonija Strinavić

Ilse Holzer, die Tochter des Freisinger Textilkaufmanns Oskar Holzer und dessen Frau Hanna Holzer, geborene Neumeier, wurde am 17. August 1897 in Freising geboren. Mit 40 Jahren erhielt sie einen weiteren Namen, denn sie musste, wie alle anderen jüdischen Frauen im Nationalsozialismus, laut Gesetz vom 17. August 1938, den Zwangsvornamen Sara annehmen.[100]

Die ledige Frau wohnte von ihrer Geburt an bis zum 29. November 1938 offiziell in der Mittleren Hauptstraße 7 in Freising,[101] welche später in Adolf-Hitler-Straße umbenannt wurde.[102] Über ihre Kindheit und ihre schulische Laufbahn gibt es keine genaueren Angaben. Es ist nur bekannt, dass sie Musiklehrerin wurde.[103] Die *Kennkarte*, die sie 1938 bekam, beschreibt ihr

Aussehen so: Sie hatte einen untersetzten Körperbau (eher klein und stämmig), graugrüne Augen, dunkelbraune Haare und als besonderes Merkmal ein Muttermal in der Mitte ihrer linken Wange.[104]

In der *Kennkarte* von 1938 steht als Beruf „Haustochter", wahrscheinlich durfte sie aufgrund des Berufsverbots nicht mehr arbeiten.[105]

Ilse zog 1938 nach München in die Rumfordstraße 38/II. Nachdem ihr Vater Oskar gestorben war, wollte sie nach England emigrieren, doch dieses Vorhaben blieb erfolglos.

Am 1. Juli 1939 zog sie in die Ainmillerstraße 25, einen Tag darauf in die Beethovenstraße 8, der Grund für diesen schnellen Umzug ist nicht bekannt. Ab dem 29. August 1939 wohnte sie bei ihrer Mutter Hanna in der Schwanthalerstraße 91. Zusammen mit ihr musste sie ab dem 9. Februar 1942 im Internierungslager Clemens-August-Str. 9 leben.

Von dort wurden die beiden am 13. Juli 1942 deportiert. Das Ziel dieses Transports war wahrscheinlich das Vernichtungslager Auschwitz. Von diesem Transport gibt es keine Überlebenden.

Ilse wurde am 31. Dezember 1942 für tot erklärt.

Dr. Martin Holzer

Lisa Buchauer und Antonija Strinavić

Martin Holzer wurde am 18. März 1899 als zweites Kind von Oskar und Hanna Holzer geboren.[106]

Am 20. Februar 1917 zog er freiwillig in den Ersten Weltkrieg und diente dort an der Westfront, in Frankreich. Aus dem Krieg kehrte er erst am 28. Dezember 1918 wieder.[107]

Seiner *Kriegsstammrolle* ist zu entnehmen, dass er während seines Kriegsdienstes noch Gymnasiast war und die Schule noch nicht abgeschlossen hatte. Besagte *Kriegsstammrolle* beschreibt auch sein Äußeres: Er war 1,68 Meter groß, schlank, hatte einen großen Mund, blonde Haare, blaue Augen und eine Narbe auf der Stirn.[108]

Da Martin Holzer ein Reifezeugnis eines humanistischen Gymnasiums, vom heutigen Dom-Gymnasium Freising, besaß, begann er im Sommer 1920 in München Staatswirtschaft und Recht zu studieren.[109] Er studierte dort gemeinsam mit seinem Cousin Siegfried, mit dem er auch schon auf dieselbe Schule gegangen war. Nur waren Martins Ergebnisse bei weitem nicht so herausragend wie die seines Cousins. Seine mittelmäßigen Schulnoten[110] hielten ihn aber nicht davon ab, sein Studium erfolgreich zu absolvieren.

In seinem ersten Sommer in München wohnte er in der Liebherrstraße 17/1. Im Winter 1920 zog er dann in die Fürstenstraße 12/01. Dort blieb er bis zum Sommer 1922.[111] Am 19. Dezember 1922 erhielt er die Doktorwürde an der Ludwig-Maximilians-Universität München verliehen für seine 136-seitige Promotionsarbeit mit dem Titel *Die Eierversorgung Bayerns während des Weltkrieges*.[112] Danach arbeitete er als Steuer- und Wirtschaftsberater in Freising.[113]

Martin Holzer litt, wie die meisten anderen Juden auch, unter dem Boykottaufruf vom 1. April 1933. Die Aktion war ein wichtiges Zeichen, wie die Nationalsozialisten Juden zu schikanieren gedachten. Noch im selben Jahr, am 28. Juni, wurde ihm die Zulassung als Steuerberater entzogen, weshalb er danach hauptsächlich im Textilwarengeschäft seiner Eltern in Freising arbeitete.[114]

Im Juli 1933 stellte Martin Holzer den Antrag auf Ausstellung eines Auslandsreisepasses, weil er eine Auslandsreise ins Elsass machen wollte, der Pass wurde ihm verweigert.[115] Schwierigkeiten bekam Martin Holzer unter anderem deswegen, da er angeblich in eine Auseinandersetzung am 17. Juli 1932 zwischen Anhängern der Eisernen Front und Mitgliedern von SA und SS im Furtnerkeller verwickelt gewesen war. Im örtlichen Biergarten war ein Streit entbrannt, nachdem der Tag schon von Spannungen aufgrund von mehreren Kundgebungen und Märschen der politisch entgegengesetzten Organisationen geprägt war. Es wurden Bierflaschen, Steine und sogar Bierfässer geworfen, während der Handgreiflichkeiten fielen auch Schüsse. Mehrere Verletzungen wurden gemeldet. Die Behörden dokumentierten das alles und bei passender Gelegenheit wurde es gegen Martin Holzer verwendet. Das war 1934 der Fall: Am 4. Januar 1934 wurden Martin Holzer der Personal- und der Reisepass ohne Angabe eines Grundes weggenommen. Sein Vater setzte sich damals für ihn ein und schrieb an die Polizei, um deren Absicht zu erfragen. Als Antwort bekam er lediglich zu hören, dass der Reisepass vorerst nicht ausgehändigt werden würde.[116]

Ein Jahr später stellte Martin Holzer erneut einen Antrag auf Ausstellung eines Auslandspasses. Hierbei holte er sich Unterstützung von einem Rechtsanwalt, der in einem ausführlichen Schreiben dafür plädierte, den Kriegsfreiwilligen Martin Holzer nach Palästina auswandern zu lassen. Unter anderem folgendermaßen:

„Unseres Erachtens kann es [...] von unserem deutschen Standpunkt aus betrachtet, nur begrüssenswert erscheinen, wenn möglichst viele Nichtarier nach Palästina abwandern."[117]

Martin Holzer bekam daraufhin einen Reisepass. Am 8. März 1938 wanderte er über Italien nach Tel Aviv aus, welches damals in Palästina lag. Dort wohnte er in der Weislstraße 4. Zunächst hatte er keine Arbeitsstelle, da er sich darauf konzentrierte, sein Englisch und Französisch zu verbessern.[118]

Noch im Mai 1938 hatte er Briefkontakt zu seinem Vater, der an Martin schrieb:

„Man darf nicht zurückschauen und darf den Mut nicht verlieren und muss sich die Zukunft den Verhältnissen entsprechend einrichten."[119]

Familie Lewin

Marcus und Johanna Lewin

Paulina Gastl und Sabina Graßl

Marcus[120] Lewin wurde am 27. Oktober 1870 in Jarocin, Polen geboren.[121] Seine Eltern waren die Landwirte Isaac und Pauline Lewin. Er hatte eine neun Jahre jüngere Schwester namens Sara. Marcus Lewin wurde Kaufmann in Freising, Untere Hauptstraße 900.[122]

Im Jahre 1901 heiratete er Johanna Krell, die Schwester des Kaufmanns Max Krell, in München.[123] Max Krell gründete 1899 ein Geschäft in der Hauptstraße in Freising, welches er nach sich selbst benannte.[124] Diesen Laden übernahm Lewin später von seinem Schwager, so hieß das Geschäft dann „Max Krell Nachfolger".[125] In diesem Laden verkaufte er Kleidung, Stoffe, Wohnartikel und andere Alltagsgegenstände.[126]

Mit seinem Geschäftsstandort gegenüber dem Marienplatz in der Innenstadt zog der Laden sicherlich stets viele Kunden an. Sein Haus war wahrscheinlich sogar das größte der drei jüdischen Geschäfte in Freising,[127] was vermuten lässt, dass Marcus Lewin ein angesehener Kaufmann war.

Am 19. November 1904 berichtete das *Freisinger Tagblatt* über Umbauarbeiten an dem Geschäfts- und Wohnhaus:

„Mit Recht kann behauptet werden, dass durch den schwierigen und glücklich vollendeten Umbau Freisings Hauptstraße wiederum eine weitere Verschönerung erhalten hat. Das frühere kleine Krell'sche Kaufhaus hat sich nun durch diesen Umbau mit seinen hellen Verkaufsräumen zu einem großen modernen [...] Geschäftshaus entwickelt."[128]

Lewin warb regelmäßig mit seinen Produkten im *Freisinger Tagblatt* mit Rabatten und Angeboten für Produkte aller Art.[129] Das Geschäft unterhielt viele Mitarbeiter, es waren rund 20 bis 25, der Großteil davon waren Frauen.[130] 1927 starb Eugen Lehmann, der Hausbesitzer des Anwesens, und somit konnte Marcus Lewin 1930 als langjähriger Mieter das gesamte Haus erwerben.[131] Es hatte sogar einen Telefonanschluss, damals noch eine Seltenheit.[132]

Schon 1901 hatte Marcus Johanna Krell geheiratet. Sie wurde am 10. April 1874[133] als Tochter von Wolf Krell und Friederike in Berlinchen, Neumark (heute: Barlinek, Polen)[134] als die jüngste von insgesamt sechs Geschwistern geboren.[135] Nachdem sie einige Zeit in Weiden verbracht hatte, wo ihr Bruder wohnte, zog sie 1899 nach Freising.[136] Ihr Bruder Moritz (genannt Max) Krell gründete dort im August 1899 ein Geschäft unter seinem Namen. Johanna war die Geschäftsführerin vor Ort, in der heutigen Unteren Hauptstraße 2.[137]

Max Krell hatte in Weiden 1898 von seinem Schwiegervater Israel Hirschfeld ein Warenhaus übernommen. Unter ihm wurde es zu dem erfolgreichen und großen Kaufhaus, das man in ganz Weiden kannte. Er hatte sogar zwei weitere Filialen, eine davon in Augsburg,[138] eine weitere eben in Freising.

Als Johanna 1901 Marcus Lewin heiratete, stieg ihr Ehemann als Mitinhaber in das Geschäft ein.[139] Am 25. September 1910 wurde Johannas und Marcus' einzige Tochter Hildegard geboren.[140] Johanna Lewin verstarb schon am 10. Juli 1921 im Alter von 48 Jahren in Freising.[141] Marcus Lewin war also bereits mit 50 Jahren verwitwet.[142] Die gemeinsame Tochter Hildegard lebte beim Vater und half oft im Kaufhaus mit.[143]

Spätestens ab April 1933 wurde klar, wie sich die Gesellschaft unter den Nationalsozialisten entwickeln würde. In Zeitungen wurde zum Boykott jüdischer Geschäfte aufgerufen, Marcus Lewins Kaufhaus wurde als solches gekennzeichnet und es standen sogar Wachmänner davor und warnten die Freisinger Bürger, dass dies ein jüdisches Kaufhaus sei. Sie mahnten sie, dort nicht einzukaufen.[144]

Der wirtschaftliche Erfolg Lewins brachte auch einige Neider mit sich. 1933 echauffierte sich ein Geschäftsmann darüber, dass ein Obst- und Kartoffelmarkt auf dem Marienplatz in Freising stattfinden sollte. Seiner Meinung nach profitierte davon vor allem Marcus Lewin mit seinem gegenüberliegenden Geschäft.[145]

1934 stellte Marcus Lewin den nichtjüdischen Friedrich Langbein ein und verpachtete diesem ab 1936 das Haus.[146] Drei Jahre später verkaufte er das Geschäft an Langbein,[147] der Verkaufspreis von gerade einmal 165.000 Reichsmark musste jedoch auf ein Sperrkonto des Staates eingezahlt werden, auf das Lewin selbst keinen Zugriff erhielt.[148]

Am 1. Dezember 1936 zog Marcus Lewin von Freising nach München-Schwabing. Dort wohnte er zuerst in der Franz-Joseph-Straße, wurde jedoch zwei Jahre später, 1941, in ein Internierungslager in der Clemens-August-Str. 9 in München, in ein sogenanntes „Judenhaus", geschickt.[149] Ab August 1938 musste er dann per Gesetz den Zusatznamen Isaak zwangsweise tragen, um als Jude erkennbar zu sein.

Am 10. Dezember 1938 – nach der Pogromnacht – wurde Marcus Lewin für 15 Tage im KZ Dachau inhaftiert.[150] Am 11. Juli 1942, kurz vor seiner geplanten Deportation nach Theresienstadt, nahm sich Marcus Lewin in München mit Schlafmitteln das Leben.[151] Sein Grab befindet sich auf dem Neuen Israelitischen Friedhof in München.[152]

Durch die Wiedergutmachungsgesetzgebung erlangte Marcus Lewins Tochter, die den Holocaust überlebt hatte, das Haus später wieder zurück. Sie verkaufte es an die Stadt Freising, unter der Bedingung, dass es den Namen „Marcus-Haus" erhält. Bis heute steht dieses Haus in der Hauptstraße und ist unter diesem Namen bekannt.[153]

Hildegard Lewin

Jasmin Moser

Hildegard Lewin wurde am 25. September 1910 in Freising als Tochter des jüdischen Kaufmanns Marcus Lewin und dessen Frau Johanna Lewin geboren.[154] Lange Zeit arbeitete Hildegard als Verkäuferin im familiären Geschäft, das heutzutage, besser bekannt als „Marcus-Haus", immer noch in der Altstadt von Freising existiert.

Am 15. März 1932 zog Hildegard Lewin nach München, wo sie mehrmals ihren Wohnsitz änderte. Zunächst kam Hildegard bei ihrer Tante väterlicherseits, Sara Drechsler, die zu dieser Zeit in der Agnesstraße 48 wohnte, unter.[155]

Bereits ein Jahr später, am 7. Februar 1933, zog Hildegard um, in die Schellingstraße 106.[156] Ihr letzter Wohnort in München war in der Franz-Josef-Straße 26,[157] bevor sie schließlich am 24. Juni 1939 nach London auswanderte.[158]

Ein Jahr zuvor war das Bankkonto der Familie bereits gesperrt worden, Hildegard war mittellos. Im Februar 1939 wurde schließlich der hochwertige Schmuck der Familie beschlagnahmt, sodass es für die Familie fast unmöglich wurde, in Deutschland leben zu können.[159]

Am 30. März 1940 wurde ihr in Abwesenheit die deutsche Staatsangehörigkeit aberkannt.[160] In London wohnte Hildegard in 17 Raleigh Gardens, London SW2 in Brixton Hill[161] und arbeitete dort als Hausangestellte.[162] Während sie dort im Exil war, nahm sich ihr Vater Marcus am 11. Juli 1942 das Leben.

Hildegard wurde nun Alleinerbin des Besitzes, da sie keine Geschwister hatte und ihre Mutter bereits verstorben war. Allerdings hatte sie im nationalsozialistischen Deutschland kein Anrecht auf ihr Erbe. Erst am 31. Mai 1949 wurde die Erbsache vom Amtsgericht München bestätigt.[163]

Familie Neuburger

Ignaz und Lina Neuburger

Paulina Gastl

Lina Neuburger, geboren am 12./14. Oktober 1858 (geb. Erlanger), und Ignaz Isac Raphael Neuburger, geboren am 30. April 1853, waren ein jüdisches Ehepaar, das bereits in Freising verwurzelt war.

Ignaz Neuburger gründete 1881 ein Geschäft in der Münchner Straße 95 – der heutigen Bahnhofstraße 4 – in Freising. Die Familie, gebürtig aus Buchau in Baden-Württemberg, wohnte über dem Geschäftshaus.[164] Bei den Neuburgers konnten Kunden Mode- und Schnittwaren, Damen- und Herrenwäsche sowie Vorhänge, Teppiche und Betten sowie Konfektionsartikel einkaufen.[165]

Auf einer Postkarte präsentiert sich das große Geschäft der Neuburgers als Schmuckstück. Der Laden prägte die Stadt optisch und war kaum wegzudenken.[166] Nicht nur die Stadtkundschaft, auch die Bevölkerung auf dem Land um Freising kaufte gern hier ein.[167] Man pflegte auch einen freundschaftlichen Kontakt zu den Kunden auf dem Land. So fuhren die Neuburgers mit ihren Angestellten einige Male pro Jahr raus aufs Land und spendierten dort den Geschäftskunden beim sogenannten „Kundschaftstrinken" das ein oder andere Bier.[168]

Die Familie genoss generell ein hohes Ansehen innerhalb der Freisinger Bevölkerung. Im Beileidsschreiben des Oberbürgermeisters Bierner wird Ignaz Neuburger als „vortrefflicher, ehrenhafter Mann [...] [sowie als] großer Wohltäter der Gemeinde und ihrer Bevölkerung" beschrieben.[169] Ignaz spendete wohl immer wieder einen Teil seines Vermögens an karitative Einrichtungen wie den örtlichen Kindergarten und das Waisenhaus in Freising. Außerdem beteiligte er sich finanziell an der Erbauung des Freisinger Kriegerdenkmals und galt daher als patriotisch und seinem Wohnort verbunden.[170]

Lina Neuburger starb bereits 1901 und Ignaz Neuburger verstarb am 21. Mai 1928.[171]

Ignaz Neuburger wurde von seinem Personal sehr wertgeschätzt, was die liebevolle Todesanzeige, die von seinen Angestellten geschaltet wurde, zeigt:

„Er war ein liebevoller Chef, der […] in jeder Hinsicht ein […] Vorbild gewesen und für sein Personal immer ein warmes Herz hatte."[172]

Durchschnittlich waren acht Personen im Betrieb der Neuburgers beschäftigt. Das Verhältnis miteinander war sehr respektvoll, zum Beispiel wurde der Betrieb, der zu dieser Zeit auch sonntags geöffnet hatte, von acht bis zehn Uhr geschlossen, um den Mitarbeitern die Möglichkeit zu geben, am Gottesdienst teilnehmen zu können.[173]

Gemeinsam übernahmen seine drei Kinder Alfred, Siegfried und Emma nach seinem Tod im Mai 1928 das Geschäft als Inhaber.[174]

Die Geschwister Alfred, Siegfried und Emma Neuburger

Paulina Gastl

Alfred Neuburger war der älteste Sohn der Familie und wurde am 26. Mai 1882 in Freising geboren.[175] Er besuchte die Real- und Handelsschule und schloss dort seine Ausbildung als Webwarenkaufmann ab.

Alfred war fast den ganzen Ersten Weltkrieg im Militär tätig: Von Oktober 1914 bis Januar 1919 diente er vorwiegend in Frankreich in einer Sanitätskolonne, wofür er das Eiserne Kreuz verliehen bekam. Er erlitt eine anhaltende körperliche Schädigung durch eine Gasvergiftung.[176]

Er war damit einer der vielen Deutschen jüdischen Glaubens, die für ihr Vaterland in den Krieg zogen. Viele dieser Männer konnten die wenige Jahre später deutliche Ausgrenzung nicht verstehen, sahen sich doch viele von ihnen als Patrioten.

Die zwangsweise als Ersatzausweisdokument erstellte *Kennkarte* von 1938 beschreibt sein Aussehen: Er hatte eine schlanke Gestalt, ein schmales Gesicht, graugrüne Augen und graugemischtes Haar.[177]

Siegfried Neuburger wurde am 26. Oktober 1883 in Freising geboren. Er besuchte die Realschule und anschließend die Webschule in Reutlingen. Danach arbeitete er als Weber bzw. Textilkaufmann im familiären Betrieb, bis er sich im März 1915 als Freiwilliger für den Ersten Weltkrieg meldete. Für seine Dienste, unter anderem bei der Technischen Nothilfe in Belgien und Frankreich, bekam er das Eiserne Kreuz verliehen.[178]

Emma Neuburger war das jüngste Kind der Familie Neuburger und wurde am 29. Januar 1891 in Freising geboren.[179] Sie besuchte nach der Schule ein Institut in Heidelberg und war danach als Kauffrau im familieneigenen Betrieb tätig.[180]

Nach dem Tod der Eltern übernahmen die Geschwister Ende 1928 das Unternehmen in der Freisinger Innenstadt. Nur wenige Jahre konnten sie es noch erfolgreich führen. Denn auch das Kaufhaus der Neuburgers war von dem Boykott jüdischer Geschäfte im April 1933 betroffen. So findet man im *Freisinger Tagblatt* einen Zeitungsartikel, in dem beschrieben wird, dass bewaffnete SA-Männer mahnend vor den jüdischen Geschäften in der Hauptstraße standen und Pappschilder mit der Aufschrift „Kauft nur in christlichen Geschäften als Abwehrmaßnahme der Judenhetze im Ausland!" hielten, die zum Boykott der jüdischen Geschäfte aufriefen.[181] Doch die treue Kundschaft konnte dies zuerst nicht fernhalten. Ein Redakteur beschwerte sich daraufhin in einem Zeitungsartikel darüber, dass nun Anfragen telefonisch durchgegeben wurden und die Händler die gewünschte Ware lieferten oder aber mit ihren Angeboten auf das Land fahren und vor Ort verkaufen würden.[182]

1935 warf man Siegfried Neuburger „Rassenschande" vor, so steht es in einem *Polizeibericht*:

„Die Allgemeinheit nimmt heute naturgemäß an, daß der Jude mit den Mädchen in einem unerlaubten Verkehr steht."[183]

Siegfried Neuburger hatte – so wie üblich – einige seiner Angestellten mit zum Kundschaftstrinken genommen. Laut der Polizei aber war es nicht gesetzeskonform, dass sich die Frauen mit ihm in der Öffentlichkeit zeigen und sich von ihm auch noch die Zeche bezahlen ließen. Siegfried selbst gab zu dem Vorfall zu Protokoll, dass er „sich nie Gedanken gemacht [habe], daß jemand Ärgernis nehmen könnte, wenn [er] mit [seinen] Angestellten am Biertisch [sitzt]." Seiner Meinung nach seien seine Angestellten immer gerne mitgekommen, wenn er ins Freisinger Umland gefahren sei. Er war sich außerdem darüber bewusst, dass über ihn schlecht geredet wurde:

„Ich weiß, daß von Freising, von 4 oder 5 Personen gegen mich eine Hetze betrieben wird, bezw. [sic] gegen das Geschäft im allgemeinen [sic]. Die Namen dieser Personen will ich nicht angeben. Meine persönliche Ansicht ist die, wenn [es] in einer Wirtschaft gegen die Mädchen oder mich in dieser Hinsicht zu Gewalttätigkeiten gekommen wäre, hätten die anwesenden Bauern bestimmt die Mädchen und mich beschützt."[184]

Aber auch auf dem Land nahm die antisemitische Hetze zu. Sie machte auch vor Kindern und Schulen nicht Halt. So soll ein Lehrer aus Hohenkammer einmal zu seinen Schülern gesagt haben:

„Vor dem Krämergeschäft ist gerade der Jude Neuburger; so jetzt geht hin und spuckt das Dreckschwein an."[185]

Auch die Geschwister Neuburger mussten zwangsweise ab Ende 1938 ihre Namen ändern. Alfred musste den Beinamen Assur tragen, Siegfried den Namen Sally und Emma sollte fortan den Beinamen Tana führen.[186]

Im Zuge der Reichspogromnacht zogen Menschenmassen, die an einer der vier Versammlungen in Freising teilgenommen hatten, mit antisemitischen Sprechchören durch die Freisinger Innenstadt. Während dieses Protests wurden zwei Fensterscheiben der Neuburgers eingeschlagen, eine Scheibe mit „Jude" beschmiert und die Hauswand mit Schriftzügen wie „Auf nach Palästina" verschandelt.[187] Siegfried Neuburger wurde vom 10. November 1938 bis zum 13. Dezember 1938 als „Aktionshäftling" im Konzentrationslager Dachau interniert.[188]

Ende 1938 sahen auch die Geschwister Neuburger keinen anderen Ausweg mehr, als nach München umzuziehen. Alfred zog zuerst in die Landwehrstraße 28, keine zwei Monate später bereits in die Schillerstraße 27. Auch Siegfried und Emma zogen erstmal in die Landwehrstraße 28. Ab Ende Oktober 1939 waren alle drei Geschwister in der Trogerstraße 44 gemeldet.[189] Der Name des Kaufhauses Neuburger wurde abmontiert und es wurde fälschlicherweise und beschönigend im *Freisinger Tagblatt* behauptet, dass alle Juden aus Freising „mit unbekanntem Ziel verreist" seien. Die Freisinger Juden, also auch die Neuburgers, die allesamt in Freising geboren worden waren, wurden zwar sogar als „alteingesessene Freisinger" bezeichnet, was sie ja auch waren, dennoch wurde in der Zeitung betont, dass man ihnen „keine Träne nachweint".[190]

Das Geschäft der Neuburgers fiel danach der Arisierung zum Opfer. Das Gewerbe sollte den Akten nach durch den Moosburger Alfred Heppner und den Freisinger Eberhard Stösser übernommen werden. Diese Übernahme verzögerte sich aufgrund von „einer Reihe widriger Umstände", unter anderem wurden Heppner und Stösser in den Wehrdienst berufen und das Anwesen wurde von der Sparkasse aufgekauft, was staatliche Genehmigung benötigte.

Besonders wird in den Akten die wirtschaftliche Dringlichkeit des Geschäfts für die Freisinger Bevölkerung betont – kein Wort über das Schicksal der Neuburgers. Laut Aktenangaben hatte das Kaufhaus Neuburger einen dreimal so großen Umsatz wie die anderen Geschäfte aus der Branche und viele Menschen waren auf das Geschäft angewiesen, da es wichtig für die Deckung des Winterbedarfs war. Der Ausfall des Ladens würde für die Freisinger Bevölkerung große Probleme verursachen.

Interessanterweise war Eberhard Stösser der Schwager des Unternehmers Friedrich Langbein, der das Kaufhaus von Marcus Lewin übernahm. Am 1. September 1939 sollte das Geschäft der Neuburgers unter der Leitung von Stösser und Heppner wiedereröffnet werden.[191] Ob dieses Vorhaben erfolgreich war, ist nicht bekannt. Jedoch sicher ist, dass das Geschäft im Vorfeld, am 13. Mai 1939, zwangsveräußert wurde. Die Neuburgers selbst erhielten von dem Verkaufserlös nichts, da alles einem Treuhänder zur Verwaltung übergeben wurde.[192]

Die Geschwister Neuburger waren auch in München vor Schikanen und Diskriminierung nicht sicher: Im Frühjahr 1939 mussten sie alle Gegenstände aus Edelmetall zwangsweise beim städtischen Leihamt abgeben. Im Zuge der Entschädigung erhielt der Erbe Simon Erlanger später gerade einmal 85 DM.[193]

In einem Dokument der Münchner Gestapo lässt sich eine Liste mit Namen von Menschen finden, die nach Riga in Lettland deportiert werden sollten. Auf diesem Dokument vom 15. November 1941 lassen sich auch die Neuburgers aus Freising finden. Schließlich wurden die drei Geschwister am 20. November 1941 jedoch von München nach Kaunas in Litauen, nicht nach Riga deportiert, nachdem sie wahrscheinlich schon einige Tage lang im Barackenlager in der Knorrstraße 148 hatten warten müssen.

50 Kilo Gepäck waren zulässig pro Passagier, welches ihnen jedoch am Zielbahnhof wieder abgenommen wurde. Am Bahnhof Milbertshofen mussten 50 Reichsmark als „Reisekosten" bezahlt werden. Angeblich sollte es zu einem Arbeitseinsatz in Richtung Osten gehen. Das eigentliche Ziel, das Ghetto Riga, war bereits überfüllt, so wurde der Transport kurzerhand

nach Kaunas umgeleitet. Bei der Ankunft im 1338 Kilometer entfernten Kaunas war auch dieses Lager heillos überfüllt.

Dies bedeutete das Ende für alle Insassen des Transports. In Fort IX, sechs Kilometer nordwestlich von der Stadt, wurden die Geschwister Neuburger am 25. November 1941 ermordet. Allein an diesem Tag wurden 1.159 Juden, 1.600 Jüdinnen und 175 jüdische Kinder aus Berlin, München und Frankfurt am Main getötet.

Im sogenannten „Jäger-Bericht" von SS-Standartenführer Karl Jäger wird auf grausame Art und Weise von der Ermordung der Juden berichtet. Im Dezember 1941 erklärt er, dass „das Ziel, das Judenproblem für Litauen zu lösen [...] erreicht worden [sei]. In Litauen gibt es keine Juden mehr, ausser den Arbeitsjuden incl. ihrer Familien".[194]

Max Schülein

Melanie Winkler

Max Schülein wurde am 4. März 1877 als Moses Schülein in Ingolstadt geboren. Sein Vater Adolph Schülein war Bankier und wohnte mit seiner Frau, Ida Schülein, geborene Ullmann, in der Milchstraße 956 in Ingolstadt. Beide waren jüdischen Glaubens[195] und heirateten rituell in Nürnberg am 25. Mai 1869, wobei sie von dem Rabbiner Loewi von Fürth getraut wurden. Ida Schülein war eine Kaufmannstochter aus Bamberg. Adolph Schülein war bis 1869 Hopfenhändler in München, dann ab 1872 Bankier in der Schülein-Bank und schließlich ab 1874 Ziegeleibesitzer in Ingolstadt. Den Namen „Moses" bekam Max wahrscheinlich wegen seinem gleichnamigen Vetter Moses Gumpert Schülein. Am 26. April 1917 beantragte Max Schülein seine Namensänderung. In der entsprechenden Urkunde wurde auch vermerkt, dass er deutscher Reichsangehöriger war.[196]

Max Schülein war das fünfte Kind aus der Ehe der Eltern. Seine Geschwister hießen August Schülein (geboren am 18. Mai 1870 in München), Dr. jur. Hofrat Luitpold Schülein (geboren am 16. Februar 1873 in München, gestorben am 9. April 1933 in München), David Schülein (geboren am 16. Februar 1873 in München), Elisabeth Schülein (geboren am 4. April 1875 in München, verheiratet am 18. Oktober 1895 in München mit Julius Gunzenhäuser, Bankier von Feuchtwangen, gestorben am 25. November 1962 in Forest Hill, New York), Malchen (Amalie) Schülein (geboren am 11. Januar 1879 in Ingolstadt, gestorben in Auschwitz), Anna Schülein (geboren am 12. Juni 1881 in Ingolstadt, am 20. November 1941 von München deportiert und am selben Tag gestorben), Dr. jur. Benno Schülein (geboren am 21. März 1883 in Ingolstadt, Rechtsanwalt, gestorben am 9. November 1951) und Mathilde Schülein (geboren am 23. Juni 1884 in Ingolstadt).[197]

In Max' Geburtshaus fanden von 1876 bis 1890 auch die ersten jüdischen Gottesdienste in Ingolstadt statt. Von der Milchstraße zog die Familie dann am 30. August 1889 nach München in die Weinstraße 7/2, wo sein Vater am 27. März 1890 starb. Seine Mutter zog, nun als Witwe, mit ihren Kindern am 28. März 1896 in den Bavariaring 20/2.[198]

Max Schülein besuchte die Luitpold-Realschule in München.[199] Er war ein durchschnittlicher bis guter Schüler. In der zweiten Realschulklasse bekam er ausschließlich gute bis sehr gute Noten. Im Laufe seiner Schulzeit wurde er jedoch immer schlechter. In der dritten Klasse bewegten sich seine Noten schon nur noch zwischen gut und befriedigend und in der 5. Klasse hatte er fast nur befriedigende bis ausreichende Noten, wobei er jedoch in einigen Fächern sehr fleißig war.[200]

1900 erwarb er mit seinem Verwandten Otto Schülein die 1868 gegründete Eisengießerei Josef Frimberger in Freising in der Münchner Straße. Zwar wurde die Fabrik 1921 von Anton Schlüter ersteigert, doch blieb Max Schülein bis 1938 Betriebsleiter der Firma.[201] Schon vorher, im Jahre 1914, war Max Schülein dem Deutschen Heer (Luftwaffe) beigetreten, wurde noch im selben Jahr zum Unteroffizier befördert und am 25. Dezember 1916 mit einer besonderen Auszeichnung geehrt.[202] Er blieb sein Leben lang ledig.[203]

Einer Personenbeschreibung vom 2. Januar 1939 kann man entnehmen, dass Max eine untersetzte Gestalt, ein schmales Gesicht, dunkelbraune Augen und graugemischte Haare hatte. Zu diesem Zeitpunkt war er schon 62 Jahre alt.[204]

1938 erschien im *Freisinger Tagblatt* ein Hetzartikel, demzufolge eine große arische Firma immer noch einen jüdischen Provisionsvertreter beschäftigen und sich dessen nicht schämen würde.[205] Max Schülein, auf den dieser Artikel abzielte, lebte ab dem 21. Dezember 1938 in München in der Maximilianstraße 9 bei seinem Verwandten Hermann Schülein.

Den Namen Max durfte er schon bald nicht mehr führen, denn am 25. Mai 1939 wurde die von ihm gewünschte Namensänderung aus dem Jahre 1917 widerrufen. Max Schülein erhielt also seinen ungewollten, aber von seinen Eltern gegebenen Namen Moses zurück. Den Zwangsvornamen Israel musste er daher nicht tragen, denn Moses wies ihn nach Auffassung der Nationalsozialisten eindeutig als Juden aus.[206]

Am 2. März 1942 kam er ins Internierungslager in der Clemens-August-Straße 9 in München und ab dem 31. März 1942 war er im Barackenlager in der Knorrstraße 148 in München untergebracht.

Am 4. April 1942 wurde Max / Moses Schülein schließlich ins Ghetto nach Piaski deportiert, wo er Zwangsarbeit verrichten musste. Dort ist er auch gestorben.[207]

Emma Reißermayer

Marcus Wimmer

Emma Reißermayer wurde am 27. August 1884 in München geboren. Ihre Eltern waren Josef und Fanny Müller, geborene Theilhaber. Ihre Eltern waren jüdischen Glaubens, sie selbst bezeichnete sich als Katholikin. Mit 26 Jahren heiratete sie am 28. Dezember 1910 den damals dreißigjährigen katholischen Regierungsbaumeister Ludwig Reißermayer, der am 17. Juni 1880 geboren worden war und aus Freising stammte.

Zusammen mit ihm und der gemeinsamen Tochter Elisabeth Ida Anna Reißermayer zog sie im Jahr 1926 nach Freising, wo alle gemeinsam in dem Haus in der Wippenhauserstraße 18 wohnten.[208] Tochter Elisabeth war schon am 27. September 1919 in Kochel am See geboren worden und arbeitete später als Sprechstundenhilfe.[209]

Nach 27 Jahren gemeinsamer Ehe verstarb am 20. August 1937 Emmas Ehemann Ludwig. Kurze Zeit später zog die nun verwitwete Emma Reißermayer, die nun nicht mehr durch eine „Mischehe" geschützt war, wegen der immer größer werdenden Repressionen der Nationalsozialisten gegen Juden und der Ausschreitungen in der Pogromnacht in Freising nach München.[210]

Sie galt von den Nationalsozialisten rassisch begründet als Jüdin. Ihre neue Wohnung lag in der Maistraße 25. Dort lebte sie bis zu ihrer Deportation.

Ab dem 1. Januar 1939 musste sie, wie alle anderen jüdischen Frauen, den Zwangsvornamen Sara führen.[211] Während ihrer Zeit in München musste sie Zwangsarbeit für die Firma „Kunst und Druck Opacher" in der Hofmannstraße 7 leisten.[212]

Am 22. Juli 1942 wurde sie in das KZ Theresienstadt gebracht.[213]

Historische Bilddokumente

Abbildung 1: Bernhard Holzer, Foto der Kennkarte von 1938.

Abbildung 2: Henriette Holzer, Foto der Kennkarte von 1938.

Abbildung 3: Irma Holzer, Foto der Kennkarte
von 1938.

Abbildung 4: Passfoto von Siegfried Holzer aus
der Personenakte der Ludwig-Maximilians-
Universität.

Abbildung 5: Oskar Holzer, Foto der Kennkarte von 1938.

Abbildung 6: Hanna Holzer, Foto der Kennkarte von 1938.

Abbildung 7: Ilse Holzer, Foto der Kennkarte von 1938.

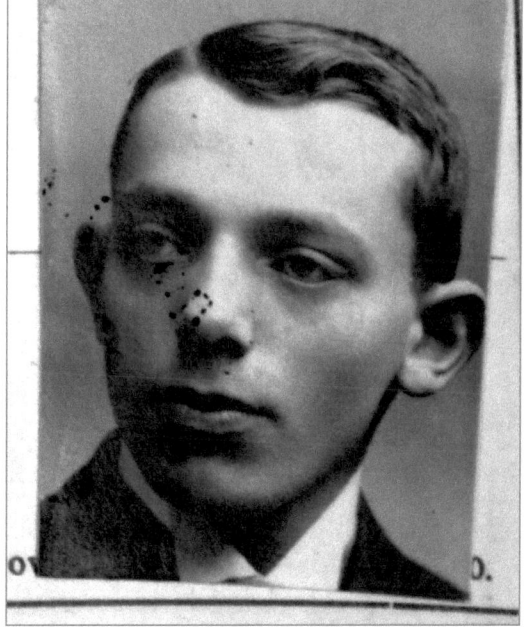

Abbildung 8: Passfoto von Martin Holzer aus der Personenakte der Ludwig-Maximilians-Universität.

Lfd. Nr.	Name Vorname	Stand	Beruf	Geb.Dat. u.Ort	St.A.	Letzte Adresse
401	Herzog Josef I.	verw.	o.B.	20.4.69 Roth	RA.	München Knorrstr.148
402	Holzer Bernhard I.	verh.	Kaufm.	21.11.66 Stein	RA.	(*gest. Mors?*)
403	Holzer Jette S. geb.Neumeyer	verh.	o.B.	12.2.74 Oberdorf	RA.	(*gest. 4/5 43*)
404	Isaac Eugenie S. geb.Ley	verw.	o.B.	7.8.67 Pforzheim	RA.	"
405	Kahn Fanny S. geb.Cohn	verw.	o.B.	18.1.68 Rheda	RA.	"
406	Katz-Keller Melanie S.	ledig	Ton- künstl.	15.6.73 Frankfurt a.M.	RA.	"
407	Katzenstein Betty S.geb.Stein	verw.	o.B.	25.10.69 Nordheim	RA.	"
408	Koch Paula S. geb.Lichtenstern	verw.	o.B.	5.10.72 Kittsee	RA.	"
409	Koch Hugo I.	verh.	kaufm. Hilfsarb.	8.8.67 Bad Homburg	RA.	"
410	Köbert Ida S. geb.Gotthelf	verw.	o.B.	16.5.65 München	RA.	"
411	Königsberger Eugen I.	ledig	San. Rat i.R.	30.11.64 München	RA.	"
412	Körting Rosa S. geb.Bäcker *Lecker*	verw.	o.B.	30.8.72 Petrauz?	Prot. Ang.	"
413	Kohn Nathan I.	verh.	o.B.	30.5.56 Luck	RA.	"
414	Kohn Mathilde S. geb.Herzfelder	verh.	o.B.	11.4.66 Marktbreit	RA.	"
415	Lamm Philippine S.	ledig	o.B.	24.6.74 Unsleben	RA.	"
416	Lämmle Albert I.	verh.	Post- insp.	30.5.68 München	RA.	"
417	Lämmle Balla S.	verh.	o.B.	6.7.72	RA.	"

Abbildung 9: Deportationsliste mit den Namen von Bernhard und Henriette Holzer vom 24. Juni 1942 von München nach Theresienstadt.

Lfd. Nr.	Zu- u. Vorname	Geburts= datum	Wohnung	G-Nr.
114	Heilbronner Irmgard geb.Lebrecht	18.8.79	Knorrstr.148	345
115	Heilbronner Klara geb.Heilbronner	15.10.79	Clemensstr.41	329
116	Heilbronner Thea	18.8.06	"	328
117	Helfeld Jeanette	15.8.78	Knorrstr.148	91
118	Herz Helene	27.4.01	Bürkleinstr.16	32
119	Herz Josef	9.7.26	"	33
120	Herz Max	2.5.28	"	34
121	Heß Edwin	5.3.77	Clemens Auguststr.9	331
122	Heß Gitta	28.3.12	Klenzestr. 61	61
123	Heß Leo	20.11.35	"	62
124	Hirsch Irene	17.7.77	Hermann Schmidstr.	346
125	Hirsch Martha	24.8.87	"	347
126	Hirsch Paul	31.1.77	Knorrstr.148	90
127	Hirschkind Johanna	5.9.06	Clemens Auguststr.9	308
128	Hirschkind Veronika geb.Schwarz	12.9.72	"	309
129	Högen Jenny geb.Hirsch	15.4.78	Hindenburgstr.23/1	175
130	Holzer Irma	25.2.96	Lohhof	297
131	Holzer Paula	19.8.90	Hermann Schmidstr.60	60
132	Holzinger Amalie geb.Dornitzer	3.8.81	Antonienstr.7	615
133	Horwitz Hirsch	30.4.76	Wagnerstr.3	23
134	Horwitz Selma geb. Östreicher	18.10.82	"	24
135	Isaak Joseis	10.1.85	Herzog Rudolfstr.1/III	36
136	Jsaak Manfred	23.1.26	"	38
137	Jsaak Selma	21.3.95	"	37
138	Jacobovies Fanny geb.Einstein	26.7.80	Lohhof	290
139	Kaiser Irene	7.3.21	Lindwurmstr.125/II	596
140	Kaiser Noah	12.5.85	"	594
141	Kaiser Paula geb.Bechhöfer	6.3.93	"	595

Abbildung 10: Deportationsliste mit dem Namen von Irma Holzer vom 3. April 1942 von München nach Piaski

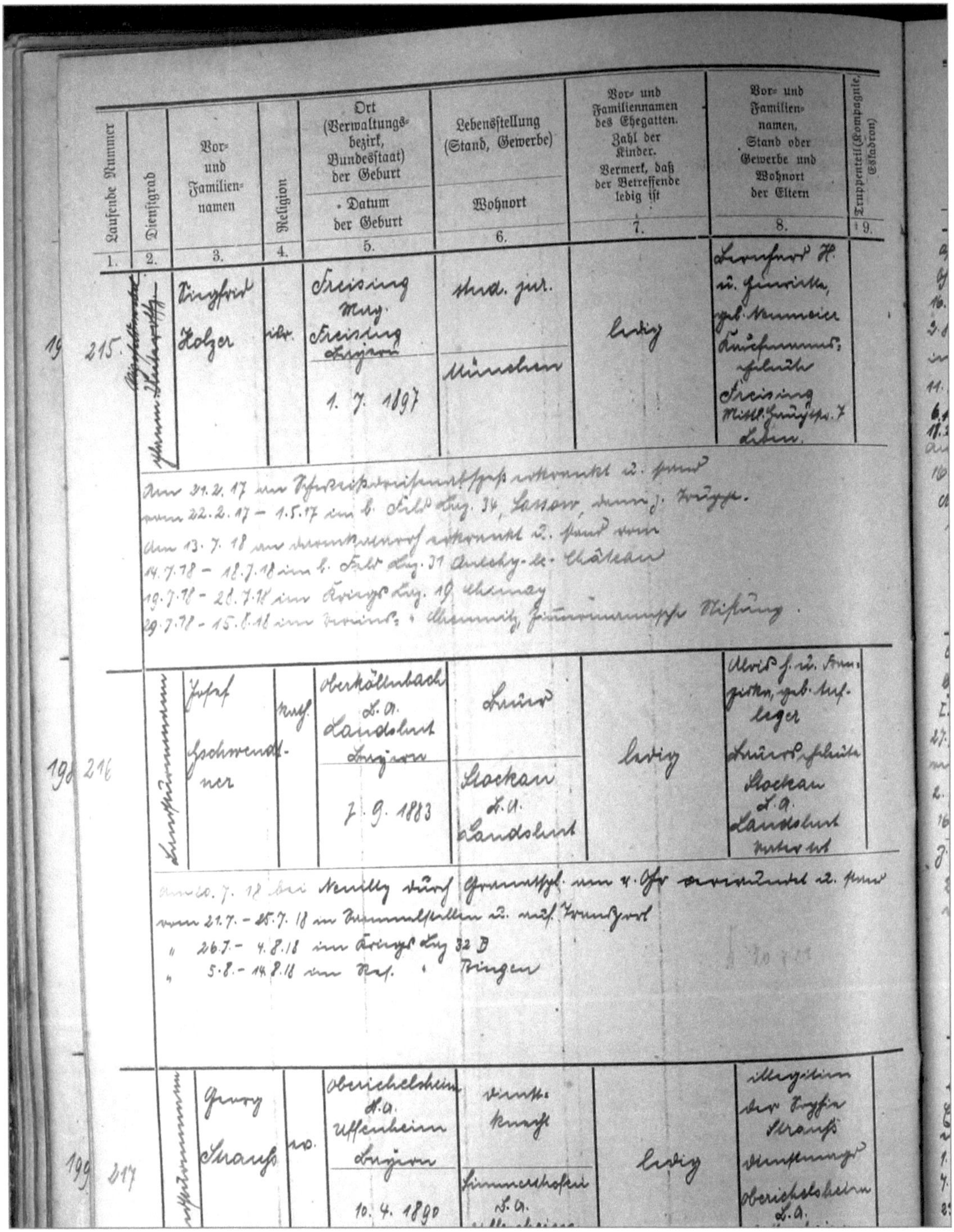

Laufende Nummer	Dienstgrad	Vor- und Familien- namen	Religion	Ort (Verwaltungs- bezirk, Bundesstaat) der Geburt · Datum der Geburt	Lebensstellung (Stand, Gewerbe) Wohnort	Vor- und Familiennamen des Ehegatten. Zahl der Kinder. Vermerk, daß der Betreffende ledig ist	Vor- und Familien- namen, Stand oder Gewerbe und Wohnort der Eltern	Truppenteil (Kompagnie, Eskadron)
1.	2.	3.	4.	5.	6.	7.	8.	9.
19 215.		Siegfried Holzer	isr.	Freising Mrz. Freising bezirn 1. 7. 1897	stud. jur. München	ledig	Leopold H. u. Henriette, geb. ... ...; ... Freising ... 7 ...	

(handwritten remarks spanning row)

| 19 216 | | Josef Hochwend- ner | kath. | Oberkölnbach L.A. Landshut bezirn 7. 9. 1883 | Bauer Stockau L.A. Landshut | ledig | Ulrich J. u. ..., geb. ... ... Bauer, ... Stockau L.A. Landshut ... | |

(handwritten remarks spanning row)

| 199 217 | | Georg Strauß | ... | Oberichelsheim L.A. Uffenheim bezirn 10. 4. 1890 | Bank ... Sommershofen L.A. ... | ledig | Magdalena der Eigen Strauß ... Oberichelsheim L.A. | |

Abbildung 11: Kriegsstammrolle mit Eintrag über Siegfried Holzer aus dem Ersten Weltkrieg.

Bayerisches
Landesentschädigungsamt   24.Oktober 1956
M ü n c h e n
Arcisstrasse 11

- 476 269   87304/VI/8514   21.Oktober 1955
                    Sg.II/3 Sch

        Dr.HOLZER, Siegfried, geb.1.Juli 1897 in Freising/Bayern
(Unsere Inhaftierungsbescheinigung No.59152 vom 14.Februar 1956

        Herr HOLZER, Siegfried, geboren am 1.Juli 1897
        in Fresing(Deutschland),wurde am 17.Juli 1942
        in das Sammellager Angers eingeliefert und am
        20.Juli 1942 zum KL.-Auschwitz überstellt.
        Die Bezeichnung"Déporté Politique"wurde Herrn Holzer
        laut Beschluss vom 4.3.1955 in Anwendung des Gesetzes
        vom 9.9.1948 Nr.48-1404 posthume zuerkannt.
        Als Internierung ist die Zeit vom 2.Juli 1942 bis zum
        19.Juli 1942 angerechnet worden;
        als Deportation die Zeit vom 20.Juli 1942 bis 25.Juli 1942.

                        I.A.

Abbildung 12: Auskunft über Siegfried Holzer beim Landesentschädigungsamt, 1956.

Rektor

der

Ernst-Moritz-Arndt-Universität
Greifswald

Tgb.-Nr. 318

Greifswald, den 19.März 19 43.
Domstraße 11

An
den Herrn Dekan
der Rechts-u.Staatswissenschaftlichen Fakultät

h i e r

Spektabilität !

    In der Anlage übersende ich den Beschluß über die Entziehung der
Doktorwürde Hedda Maria Elisabeth H o l z e r geb.von Marck zur
Kenntnisnahme mit der Bitte um weitere Veranlassung betr.Promotions=
akten.Die Bekanntmachung über die Entziehung der Doktorwürde ist in
Nr.57 des Deutschen Reichs-u.Preuß.Staatsanzeigers am 10.März d.Hs.
veröffentlicht.

Abbildung 13: Aberkennung der Doktorwürde von Hedda Holzer von der Universität Greifswald, 1943.

(handschriftliche Notizen am oberen Rand)

Namensliste

der im Monat Juli 1942 aus dem Stapo-Bereich München nach
den Ostgebieten evakuierten Juden

(St. = Hauptfeinde)

Zu- u.Vorname	Geburtsdatum	Wohnung	G-Nr.
Altmann Alwine S.	18. 2.99	Clemens Auguststr. 9	21
Bainberg Syma S.	1. 1.17	Lohhof	17
Bloch Hedwig S. geb. Bäumel	13.10.83	Clemens Auguststr. 9	48
Blumenfeld Chana S.	17. 4.14	Lohhof	20
Bonkowska Zelda S. geb. Bonkowska	3. 1.15	"	15

- 2 -

Zu- u.Vorname	Geburtsdatum	Wohnung	G-Nr.
Gutmann Therese S. geb. Frankenburger	3. 7.89	Clemens Auguststr. 9	39
Hechinger Julius I.	25.10.95	Knorrstr. 148	1
Herz David I.	28. 2.85	Clemens Auguststr. 9	25
Herz Klara S. geb. Gerst	31. 5.88	" " "	26
Holzer Hanna S. geb. Neumeyer	6. 4.77	" " "	27
Holzer Ilse S.	17. 8.97	" " "	28
Hummel Isabella S.	9. 6.78	Knorrstr. 148	9
Kupfer Fritz I.	29. 5.00	Kunigundenstr. 57 z.Zt. in Haft	49

Abbildungen 14: Deportationsliste mit den Namen von Hanna und Ilse Holzer am 13. Juli 1942 von München nach Auschwitz.

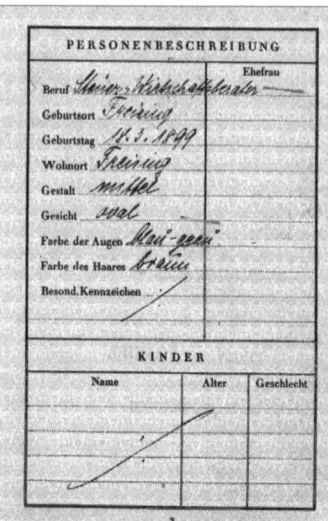
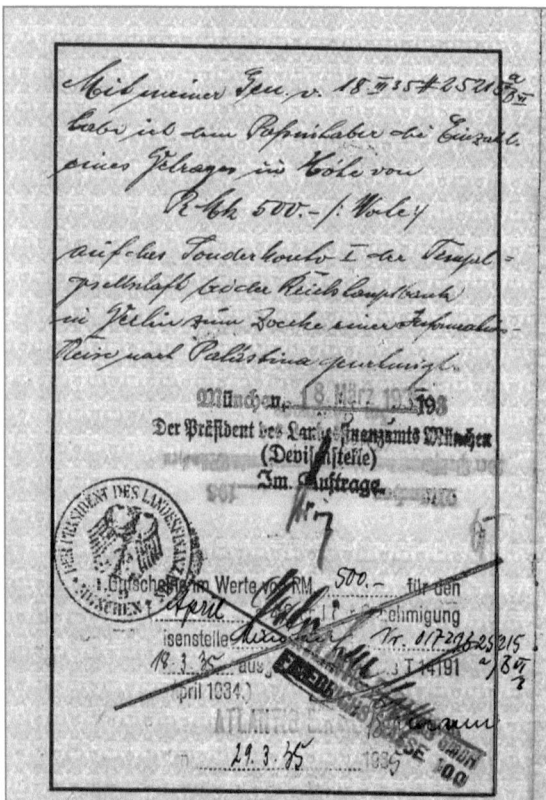
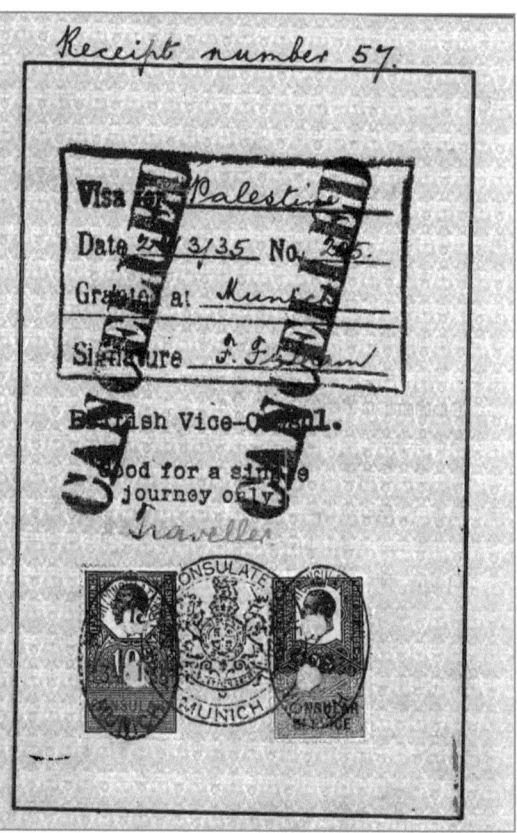

Abbildungen 15: Reisepass von Martin Holzer, ausgestellt 1934, bei der Auswanderung entwertet. Die Dramatik des Geschehens enthüllt der amtliche Nachweis nicht.

1 Lfde. Nr.	2 Zu- und Vornamen Dienstgrad	3 Datum und Ort der Ge- burt	4 Wohnsitz der Eltern oder des Vormundes Aufenthaltsort des Soldaten vor dem Diensteintritt	5 Religion Ob verhei- ratet, Kinder	6 Stand oder Gewerbe Bestrafungen vor dem Diensteintritt	7 Personal- Beschreibung (Mit dem Soldbuch übereinstimmend)	8 Ausgehoben (Aushebungs- bezirk, Vor- stellungsliste) Freiwillig eingetreten	9 Datum des Dienst- eintritts Datum der Verei- digung
1015	*Martin* *Holzer*	18. 3. 99 *Freising* *L. A.*	*Freising* *Freising*	*preuß.* *kath.*	*Gymnasiast* *Keine!*	Größe: 1 m 68 cm Gestalt: Kinn: Nase: Mund: Haar: d. blond Bart: Besondere Kennzeichen		20. 2. 17 1. 3. 17
1016	*Bach*	20. 2. 79 *Westheim* *L. A.* *Gunzenhausen*	*Westheim* *Nürnberg*	*prot.* *verh.*	*Amtsdiener* *Keine*	Größe: 1 m 70 cm Gestalt: schlank Kinn: Nase: Mund: Haar: d. blond Bart:	*Bez. Kdo.* *Nürnberg*	15. 9. 14 18. 9. 14.

Abbildung 16: Kriegsstammrolle über Martin Holzer aus dem Ersten Weltkrieg.

Freisinger Juden im Nationalsozialismus   47

Herbst- und Winterneuheiten in
DAMEN- UND KINDERKONFEKTION

Wasserdichte HERRENMÄNTEL (Marke Continental)

Tuche und Buxkins / Herrenanzugstoffe / Kleiderstoffe in
Baumwolle, Wolle und Seide

Damen-, Herren- und Kinderwäsche /
Kurz-, Weiß- und Wollwaren / Braut- und
Kinderausstattungen / Bettfedern / Fertige
Betten / Tisch- u. Schlafdecken / Stepp-
decken / Linoleum / Teppiche / Läufer /
Vorhangstoffe

Größte Auswahl   Billige Preise

GEBR. HOLZER, FREISING
Mittl. Hauptstr. 7

Abbildung 17: Werbung Warenhaus Gebrüder Holzer.

Abbildung 18: Kaufhaus Obster (ehemals Warenhaus Gebrüder Holzer nach der Arisierung).

Seite 8   Freisinger Tagblatt Nr. 240   Freitag, 14. Oktober 1938

Geschäfts-Eröffnung
Samstag, den 15. Oktober 1938, 9 Uhr vormittags.

Der Einwohnerschaft von Freising und Umgebung zur Kenntnis,

daß ich das Kaufhaus Holzer, Freising erworben habe.

Nun ist es mein Bestreben, meine Kundschaft weiterhin aufmerksam und gut zu bedienen. Ich ersuche Sie, mich in meinem neuen Unternehmen wie zu unterstützen und mir wie bisher Ihr Vertrauen entgegen zu bringen.

Mein Geschäft im Scholzhaus (Marienplatz) führe ich in gleicher Weise bis 31. Dezember 1938 weiter.

Hans Obster, Kaufhaus, Freising
Deutsches Geschäft   Deutsches Geschäft

KdF.-Theaterring Freising
Donnerstag, 20. Okt. u. Freitag, 21. Okt. 1938
abends 8 Uhr im Kolosseumssaal Freising
Gastspiel des Bayer. Staatstheaters München
(Goethesaal)
Der Mustergatte
Schwank in 3 Akten v. Hopwood, bearbeitet v. B. Pogson.
Eintrittspreise: Mitglieder frei, ihre Angehörigen Sitzpl.
1.10 Mk. Nichtmitgl. Sitzpl. 1.30, Stehpl. 0.90 Mk. Studen-
ten u. Soldaten Sitzplatz 0.90 Mk. u. Stehplatz 0.60 Mk.
Platzreservierung für Mitglieder: Donnerstag: R 1—R 32,
Nummer 1—300. Freitag: von Nr. 301 aufwärts.
Vorverkauf: Ab Freitag, 14. Okt., in der KdF-Dienst-
stelle, Freising, Laubenbräu Zimmer 6.

Am 15. Oktober 1938
eröffne ich in der **Adolf Hitlerstraße 132** mein umgebautes
Schuh-Geschäft
Durch sorgfältige Auswahl meiner Lieferanten kann ich Ihnen stets den Schuh verkaufen,
den Ihr Fuß braucht und der Ihnen wirklich gefällt.
In der Hauptsache führe ich Rheinberger Deutsche Meisterschuhe, eine führende deutsche
Marke, bekannt durch die modische Eleganz die tadellose Verarbei-
tung und vor allem durch die gute Paßform. Rheinberger-Schuhe enttäuschen nie!
Sie finden bei mir stets die neuesten Modelle. Mein Schaufenster zeigt Ihnen immer
eine kleine Auslese.
Bitte kommen Sie einmal ganz unverbindlich zu mir. Sie werden individuell beraten und
fachmännisch bedient.
Schuhhaus

Stieglbräu
Samstag, 15. u. Sonntag, 16. Oktober, abds. 8 Uhr

Rheuma
Hexenschuss
quälende Ischias- und
Nervenschmerzen, werden in
vielen Jahren mit gutem Erfolg gelin-
dert und geheilt durch die be-
währte Heilpflanzen-
einreibung
Walwurzfluid
trost vertrauen! Große
Flasche ca. 200 Gr. Mk. 1.74,
Spezial Doppelstark Mk. 2.56. Sie
erhalten das Echte in Orig.-Packung
in Ihrer Apotheke!
Hofapotheke, Marienapotheke, Adlerapoth.

Münchner Begräbnisverein
U. a. 6. - Gegründet 1871
Nach Gottes hl. Willen

Abbildung 19: Ankündigung der Übernahme des Kaufhauses Gebrüder Holzer durch Hans Obster.

Abbildung 20: Porträtfoto von Markus Lewin

Abbildung 21: Markus Lewin, Foto der Kennkarte von 1938.

Abbildung 22: Anzeige Eröffnung des Warenhauses Max Krell Nachfolger.

Abbildung 23: Werbung Kaufhaus Krell anlässlich des 30-jährigen Jubiläums.

Abbildung 24: Foto Schaufenster Kaufhaus Langbein (ehemals Kaufhaus Max Krell Nachfolger), nach der Arisierung 1936 („Deutsches Geschäft").

Mit unbekanntem Ziel verreist?

In unseren Unterlagen sind noch folgende Angaben enthalten:

Der Name des umseitig Genannten erscheint in den nachstehenden
Listen der Stadtverwaltung München, ausgestellt von Israel.Kultus-
gemeinde:
1) in der Liste vom 6.8.1946 mit dem Vermerk: "Heimatort München,
   Wohnort vor dem Tode: München. Todestag: 11.7.42, Todesursache:
   Selbstmord durch Schlafmittel";
2) in der Liste vom 10.6.1947 mit dem Vermerk: "Heimatort und Wohn-
   ort vor dem Tode: München. Todestag: 11.7.42, Sterbeort: München.
   Genaue Angabe der Grabstätte: Israel. Friedhof, Ungererstr.,
   Sektion: 19-13-2a".

Die Sterbeurkunde für umseitig Genannten kann beim Standesamt München unter
Nr. 1843-42 angefordert werden.

Arolsen, den 20.November 1956

A. DE COCATRIX   G. PECHAR
Directeur   adjoint   Section des Archives
Service International de Recherches

Abbildung 25: Auskunft beim Internationalen Suchdienst Bad Arolsen, 1956.

Abbildung 26: Hildegard Lewin, Foto der Kennkarte von 1938.

Abbildung 27: Alfred Neuburger, Foto der Kennkarte von 1938.

Abbildung 28: Werbung Geschäft J. Neuburger, 1929.

Abbildung 29: Max Schülein, Foto der Kennkarte 1938.

Abbildung 30: Kaufhaus Max Krell Nachfolger (Lewin) (zwischen 1901 und 1904).

Abbildung 31: Kaufhaus Max Krell Nachfolger (Lewin) (wahrscheinlich zwischen 1904 und 1910).

Abbildung 32: Vergleich 2019: Gewandhaus Gruber (ehemals Kaufhaus Max Krell Nachfolger), heute Marcushaus.

Abbildung 33: Kaufhaus und Wohnhaus der Gebrüder Holzer (ca. 1903).

Abbildung 34: Vergleich 2019: ehemaliges Kauf- und Wohnhaus Familie Holzer, heute s.Oliver.

Abbildung 35: Kaufhaus Gebrüder Holzer im Stadtbild Freisings (um die Jahrhundertwende).

Abbildung 36: Vergleich 2019: ehemaliges Kauf- und Wohnhaus Familie Holzer, heute s.Oliver im Stadtbild.

Abbildung 37: Postkarte Kaufhaus Neuburger (um die Jahrhundertwende).

Mit unbekanntem Ziel verreist?

Abbildung 38: Kaufhaus der Geschwister Neuburger nach 1938.

Abbildung 39: Vergleich 2019: ehemals Wohn- und Kaufhaus Neuburger, heute Blumengeschäft.

Abbildung 40: Kaufhaus Neuburger nach der Reichspogromnacht am 11. November 1938.

Abbildung 41: Vergleich 2019: ehemals Wohn- und Kaufhaus Neuburger, heute Apotheke.

Abbildung 42: Kaufhaus Neuburger nach der Reichspogromnacht am 11.11.1938.

Abbildung 43: Vergleich 2019: ehemals Wohn- und Kaufhaus Neuburger, heute Blumengeschäft.

Abbildung 44: vorne links Wohnhaus Schülein, (um die Jahrhundertwende).

Abbildung 45: Vergleich 2019: vorne links Wohnhaus Schülein.

Abbildung 46: Blick auf den Freisinger Marienplatz mit Hakenkreuzfahne nach 1933.

Abbildung 47: Vergleich 2019: Blick auf den Freisinger Marienplatz.

Bayern

1933:	**42.000** Juden
1939:	**10.000** Juden
Herbst 1941 –	
Februar 1945:	**8.376** Deportationen

Fast alle fielen der Shoa zum Opfer.

München

4838 bestätigte Biografien darunter
2965 Deportationen aus München
 254 Deportationen aus dem Umland
 273 Suizide
1346 Todesfälle in München 1933–1945

KZ Dachau

30.000 Tote durch Erschießungen, medizinische Experimente, Folter, Hunger, Krankheiten oder Erschöpfung

KZ Flossenbürg

30.000 Todesopfer durch gezielte Tötung oder katastrophale Lebensbedingungen

3 von 6

Mehr als Zahlen

Oskar Holzer wurde
am 10.11.1938 im
Zuge der
Reichspogrom-nacht
in das KZ Dachau
gebracht.
Er verstarb am
25.4.1939 im
Israelitischen
Krankenhaus in
München.

Marcus Lewin wurde
am 10.11.1938 für
15 Tage im KZ
Dachau inhaftiert.
Er nahm sich am
11.7.1942 das
Leben aus Angst
vor der
bevorstehenden
Deportation.

**Siegfried
Neuburger**

Siegfried
Neuburger wurde
im November
1938 im KZ
Dachau
inhaftiert.

Millionen

Abbildungen 48 und 49: Mehr als Zahlen – zwei der Ausstellungsplakate

1933: **15** Juden in Freising
1939: **0** Juden in Freising (verzogen nach Münche
1945:

3 ermordet in Auschwitz (offiziell:
„verschollen", da keine Aufnahmeunterlagen
im Lager)
3 ermordet in Kaunas, Litauen (erschossen)
2 ermordet in Piaski, einem Ghetto bei
Lublin

12

3

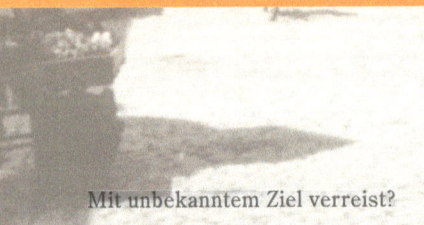

Emma
Reißer
mayer

Mit unbekanntem Ziel verreist?

2 ermordet im KZ Theresienstadt (offiziell: „gestorben unter nicht geklärten Umständen")
1 Suizid in München
1 natürlicher Tod in München

Tote

Sieg fried Neu burger

Emma Neu burger

Überlebende

Unfreiwillige Wohnorte

Stationen in München

Julia Christof

Das *Freisinger Tagblatt* verbreitete am 15. November 1938 in dem Artikel „Deutsche unter Deutschen" die Nachricht, dass nun auch die letzten Juden die Stadt Freising verlassen hätten und „mit unbekanntem Ziel verreist" seien.[214]

Berichtigt werden muss hier, dass zwar bereits die Familien Lewin und Holzer Freising hinter sich gelassen hatten, aber die Geschwister Neuburger noch einen weiteren Monat vor Ort wohnten.[215] Auch das „unbekannte Ziel" war kein solches, da – bis auf Martin Holzer – alle nach München emigrierten. So nämlich musste man diesen Schritt nennen, nur die Propaganda sprach von einer „Reise", als handle es sich um eine Urlaubsfahrt.

Wahrscheinlich hatte sich die Situation in Freising für die Juden immer weiter zugespitzt, so dass sie keinen anderen Ausweg sahen, als sich in die Anonymität der Großstadt München zu flüchten. Von da aus hofften sie, untertauchen oder gar auswandern zu können. Doch die Stationen in München waren erst der Anfang einer Verfolgung, die für die meisten Freisinger Juden mit dem gewaltsamen Tod endete.

Barackenlager München-Milbertshofen

Pascal Sing, Judith Wilms

Ein Aufenthaltsort der Freisinger Juden war das Barackenlager Milbertshofen, welches als Durchgangslager fungierte. Es wurde im Juni 1941 von den ersten Insassen ohne Entlohnung südlich der Ecke Knorrstraße 148/Troppauer Straße auf einem 14.500 Quadratmeter großen Grundstück errichtet.[216]

Ehemalige SA-Unterkünfte wurden dabei zu 17 Holzbaracken umgebaut,[217] in denen zeitweise bis zu 1.376 Menschen inhaftiert waren. Allerdings nur für kurze Zeit, da das Sammellager hauptsächlich als Zwischenstation für die Transporte nach Riga, Kowno, Piaski und Theresienstadt diente.[218]

Die Insassen mussten Zwangsarbeit im ganzen Stadtgebiet München leisten. Dabei war ihnen das Nutzen der öffentlichen Verkehrsmittel untersagt, so dass viele mehrstündige Strecken pro Tag zu Fuß zurücklegen mussten. Doch auch im Lager waren sie den ständigen Schikanen und Demütigungen der Gestapo und SS-Männer ausgesetzt.[219]

Das Lager war ein „Auffangbecken" der Nationalsozialisten für Juden aus der Region München, Oberbayern und Bayrisch-Schwaben. Die beiden Standorte galten als die bedeutendsten Transitlager der Region. So haben in den zwei Jahren insgesamt ca. 3.300 Juden diese Orte passiert.[220]

Die hohe Suizidrate in allen Münchner Lagern zeigt die fatalen Zustände und menschenverachtende Behandlung, welche sich innerhalb der Mauern abspielten. Doch das vermutlich härteste Los erlitten die Juden, die in Milbertshofen eingewiesen wurden.

Am 24. August 1942 kam es zur Auflösung des Lagers Milbertshofen, da ein Großteil der jüdischen Bevölkerung bereits in Vernichtungslager deportiert worden war und es nun in Bayern fast keine jüdischen Gemeinden mehr gab.[221] Nach dem Krieg diente das Gebiet als Wohnort für ausländische Gastarbeiter der BMW AG und als Gewerbegebiet. Seit 1982 erinnert dort ein Denkmal an die Opfer des Deportationslagers Milbertshofen.[222]

Das Ehepaar Bernhard und Henriette Holzer sowie der Junggeselle Max Schülein waren bis zu ihrer Deportation im Barackenlager in Milbertshofen interniert.

Internierungslager Clemens-August-Straße 9

Sarah Troll

Das Internierungslager Clemens-August-Straße im Stadtbezirk Berg am Laim existierte vom 18. Juli 1941 bis 1945.[223] Die Juden in München wurden gezwungen, in Gemeinschaftswohnungen zu ziehen, die meist überbelegt waren. Diese Häuser wurden als „Judenhäuser" bezeichnet.

Die Menschen mussten dorthin umziehen, um für die Behörden leichter auffindbar und kontrollierbar zu sein.[224] Außerdem war das Ziel der Nationalsozialisten, mit diesen Umzügen die Stadt München „judenfrei" zu machen und die soziale Ausgrenzung der Juden zu erhöhen.[225] Bevor

die Juden allerdings in dieses Internierungslager kamen, mussten viele schon im Vorhinein mehrmals umziehen. Sie mussten zum Beispiel ihre Wohnung räumen und in ein anderes „Judenhaus" ziehen, lebten dort für eine kurze Zeit und mussten dann abermals umziehen.[226]

Die Massenunterkunft in der Clemens-August-Straße 9 befand sich im Schwesterngebäude des Klosters der „Barmherzigen Schwestern". Auf Anweisung der „Arisierungsstelle" musste in diesem Gebäude – im Erdgeschoss und in den beiden ersten Obergeschossen – Platz für 300 jüdische Männer, Frauen und Kinder gemacht werden.[227]

Der Alltag in diesem Lager war schwierig, da viele Menschen auf engem Raum zusammenleben mussten. Die Schwestern des Klosters versuchten zwar, sich um die Menschen zu kümmern, aber die physischen und psychischen Belastungen waren sehr groß. Viele der Menschen mussten wegen ihrer Verpflichtung zur Zwangsarbeit täglich lange beschwerliche Wege zurücklegen. Aus dem Lager wurden viele Menschen deportiert und die Verzweiflung war groß. Zahlreiche Personen nahmen sich daher in diesem Lager das Leben.[228]

Hanna und Ilse Holzer waren bis zu ihrer Deportation im Internierungslager in der Clemens-August-Straße 9. Max Schülein war einen Monat im Internierungslager, bis er ins Barackenlager in Milbertshofen überstellt wurde. Marcus Lewin nahm sich in diesem Internierungslager das Leben.

Die Flachsröste Lohhof

Sarah Troll

Flachs ist eine Nutzpflanze, aus der Leinfaser gewonnen wird. Der daraus gefertigte Leinenstoff ist qualitativ hochwertig, wasser- und schmutzabweisend und sehr robust.[229]

Nach der Machtübernahme der NSDAP (1933) wurde die heimische Produktion von Textilrohstoffen, wie dem Flachs, gesteigert. Weil die Flachsaufbereitung eine arbeits- und personalintensive Tätigkeit und kein Lehrberuf war, brauchte man viele Hilfskräfte.

Diese Arbeit war meist eine Arbeit von Frauen. Zum einen, weil die Arbeit seit Generationen auf Höfen traditionell von Frauen ausgeübt wurde, zum anderen war die Tätigkeit für Männer wegen des geringen Einkommens eher unattraktiv. Der Lohn war 36 Pfennige pro Stunde für Frauen, Männer erhielten 60 Pfennige.

Mit Kriegsbeginn verschärfte sich die Lage und es wurden immer mehr Arbeitskräfte gebraucht. Flachsrösten meldeten also einen hohen Bedarf an Zwangsarbeitern. Anfangs wurden viele Zwangsarbeiterinnen aus den besetzten Gebieten beschäftigt. Seit Sommer 1941 wurden hauptsächlich jüdische Frauen aus München eingesetzt, ab Dezember des gleichen Jahres wiederum zusätzlich etwa 70 polnisch-jüdische Frauen aus dem Ghetto Litzmannstadt. 1942 wurden vom Arbeitsamt 32 ukrainische Frauen eingestellt.

Die Zwangsarbeiterinnen wurden in Baracken untergebracht, die jüdischen getrennt von den ukrainischen. 1942 wurde eine neue Baracke errichtet, in ihr arbeiteten weitere „Ostarbeiterinnen".

Die Flachsröste Lohhof war das erste von drei Lagern in München, in denen die Juden untergebracht wurden. Die meisten Unterlagen der Flachsröste Lohhof verbrannten 1945, als die US-Armee Lohhof befreite.

Irma Holzer aus Freising leistete Zwangsarbeit in der Flachsröste.

Letzte Stationen

Auschwitz, Polen

Melanie Winkler

Das Stammlager Auschwitz wurde im Mai 1940 in einem Vorort der Stadt Oświęcim in Oberschlesien errichtet.[230] Ursprünglich war es nur für 10.000 polnische politische Gefangene bestimmt, da die vorhandenen Gefängnisse überfüllt waren.

Der Kommandant war SS-Hauptsturmführer Rudolf Höß. Ein Jahr nach der Erbauung wurde die Kapazität auf 20.000 erhöht und das Teillager Monowitz (Monowice) als Arbeitslager errichtet. Im Oktober desselben Jahres wurde außerdem von Kriegsgefangenen das Vernichtungslager Auschwitz-Birkenau (Brzezinka) erbaut, ein Lager für 100.000 Gefangene.

1942 wurden dort zwei Bauernhäuser zu Gaskammern umgebaut. Ab diesem Zeitpunkt wurden immer mehr Menschen aus ganz Europa hierher deportiert, die in den Gaskammern ermordet wurden. Im Zeitraum der Existenz des Lagers wurden zwischen 1,1 und 1,5 Millionen Menschen dort umgebracht.

1944, als sich die Rote Armee dem Lager näherte, begann man mit der Evakuierung und Beseitigung von Beweismaterial. Am 7. Oktober 1944 organisierte ein jüdisches Sonderkommando einen Aufstand und sprengte ein Krematorium, alle Beteiligten wurden später erschossen.

Kurz vor der Befreiung am 27. Januar 1945 wurden die meisten Häftlinge auf „Todesmärsche" Richtung Westen geschickt, auf denen ein großer Teil ermordet wurde, verhungerte oder an Krankheiten und Schwäche starb. Außerdem wurden die Krematorien gesprengt. Man fand von den insgesamt mindestens 1.300.000 Deportierten lediglich 7.500 Häftlinge im befreiten Auschwitz. Mindestens 900.000 der Deportierten waren sofort ermordet worden, mindestens 200.000 starben an Hunger oder Krankheiten.

Siegfried Holzer sowie seine Tante Hanna und seine Cousine Ilse Holzer wurden in Auschwitz ermordet.

Kaunas, Litauen

Marcus Wimmer

Das Ghetto in Kaunas, der damaligen Hauptstadt von Litauen, wurde für die in Litauen lebenden Juden errichtet.[231]

Bei der Besetzung der Stadt Ende Juni 1941 durch die Deutschen wurden zunächst in „spontanen" Pogromen, anschließend in angeordneten Aktionen 10.000 Opfer gefordert. Als das Ghetto dann abgeriegelt wurde, mussten dort 29.760 Juden leben. Später wurde Kaunas für viele Juden aus ganz Europa zur letzten Station ihres Leidensweges, als unter deutschem Befehl stehende Mordkommandos damit begannen, in den ehemaligen Verteidigungsanlagen der Stadt, vor allem in Fort IX, die Menschen zu erschießen.

Die ersten Deportierten aus München erreichten Kaunas am 22. November 1941 und wurden, nachdem das Ghetto überfüllt war, nur zwei oder drei Tage nach ihrer Ankunft im Fort IX ermordet. Ab Mitte 1943 wurden die „arbeitsfähigen" Juden in umliegende Außenlager deportiert. Bis zum Ende des Krieges sind in Kaunas mehr als 50.000 Menschen ermordet worden. Die Rote Armee befreite am 1. August 1944 nur noch 90 Überlebende aus dem Ghetto.

Die Freisinger Geschwister Emma, Alfred und Siegfried Neuburger wurden in Kanaus umgebracht.

Piaski, Polen

Marcus Wimmer

In der Stadt Piaski, im Südosten Polens, in der Nähe von Lublin wurde von den Nationalsozialisten Anfang 1940 ein Ghetto errichtet.[232]

Während des Winters und im Frühling wurden knapp 5.000 polnische Juden dort untergebracht. Es waren so viele, dass im Juni 1941 ein zweites Ghetto eingerichtet wurde. Die Inhaftierten mussten dort und in den umliegenden Lagern Zwangsarbeit verrichten.

Die Lebensbedingungen waren aufgrund der vielen Menschen sehr schlecht, so mussten sich meist 20 Menschen ein Zimmer teilen.

1942 wurde beschlossen, das Ghetto zu räumen, um Platz für die aus Deutschland kommenden Juden zu machen. Die polnischen Juden, die von der Räumung betroffen waren, wurden meist in andere Konzentrations- und Vernichtungslager gebracht.

Später im Jahr 1942 erreichten dann 4.200 Juden aus Deutschland Piaski. Diese wiederum wurden bald darauf ebenfalls in andere Lager deportiert, da das Ghetto schon im Herbst des Jahres 1942 aufgelöst wurde.[233] Von allen Menschen, die in dem Ghetto leben mussten, haben wohl nur 35 bis zum Kriegsende überlebt.

Die Freisingerin Irma Holzer und der Junggeselle Max Schülein sind in Piaski ermordet worden.

Theresienstadt, Tschechien

Marcus Wimmer

Das Konzentrationslager und Ghetto Theresienstadt geht auf ein Gestapo-Gefängnis zurück, das im Jahr 1940 in der Stadt Terezin im Nordwesten Tschechiens errichtet wurde.[234]

1941 wurde in der Garnisonstadt ein Sammel- und Durchgangslager für die in Tschechien lebenden Juden errichtet. Auf der Wannsee-Konferenz im Januar 1942 wurde beschlossen, dass das Ghetto als Vorzeigelager für prominente und alte Juden propagiert werden sollte. Diese konnten sich durch Zahlungen an das Ghetto in Theresienstadt, das als jüdische Stadt mit Selbstverwaltung beworben wurde, einkaufen. Viele hatten die Hoffnung, dort ein besseres Leben als in anderen Lagern führen zu können.

Stattdessen war das Ghetto stark überfüllt und es herrschte Mangel an Nahrung und Medikamenten. So lebten dort im Jahr 1942 58.000 Menschen, von denen täglich um die 100 starben.

Insgesamt waren zwischen 1941 und 1945 140.000 Menschen in Theresienstadt inhaftiert, von diesen sind 33.500 dort gestorben und 88.000 in Vernichtungslager deportiert worden. Nur knapp 23.000 überlebten bis zum Kriegsende. Am 5. Mai 1945 wurde das Ghetto unter den Schutz des Roten Kreuzes gestellt, am 8. Mai wurde die Leitung von der Roten Armee übernommen.

Das Ehepaar Bernhard und Henriette Holzer wurden in Theresienstadt ermordet. Auch Emma Reißermayer wurde nach Theresienstadt deportiert.

Überlebende

Dr. Martin Holzer

Lisa Buchauer, Antonjia Strinavić

Wahrscheinlich 1943 heiratete Martin Holzer in Tel Aviv die 1910 in Warschau geborene Fruma Felicitas Nadel.[235]

Im Jahre 1949 war Martin Holzer sechs Monate lang erkrankt und stellte dann einen Antrag auf Berufswiedereinstellung als Revisor und Steuerberater sowie auf finanziellen Schadensersatz.[236]

Bereits aus Palästina/Israel stellte er mehrere Anträge an das Landesentschädigungsamt Bayern. Der erste Antrag galt 1950 seiner Schwester Ilse Holzer aufgrund von Schaden an Eigentum und Vermögen und zur Wiedergutmachung wegen Widerfahrens nationalsozialistischen Unrechts. Er verlangte insgesamt eine Summe in Höhe von 1.756.193 Reichsmark.[237] Des Weiteren stellte er einen Antrag auf Ersatz von abgegebenen Gold- und Silbergegenständen seiner Schwester. Auch für seinen Vater und sich selbst stellte er einen Antrag auf Entschädigung. Außerdem beantragte er einen Anspruch auf Alleinerbschaft der Hinterlassenschaften von Oskar und Ilse Holzer.[238]

1952 kam er dauerhaft wieder nach München zurück und erhielt dort 1960 eine Entschädigungszahlung für Schaden an Vermögen und Freiheit.[239] Er wohnte zunächst knapp zwei Jahre in einem Altenheim, das der jüdischen Kultusgemeinde München gehörte. Wahrscheinlich wohnte er dort in einem Gästezimmer, vielleicht gar nicht direkt im Altenheim.

Viele, die sich in diesem Heim aufhielten, kamen nach München, um ihre Wiedergutmachungsanträge zu verfolgen.

Anfang 1955 zog Martin Holzer dann gemeinsam mit seiner Frau in eine Wohnung in München. Er verstarb am 15. September 1966 in München und liegt auf dem Neuen Israelitischen Friedhof München begraben.[240] Er hatte keine Kinder. Seine Frau verstarb nach 1978, wann genau, ist nicht bekannt.

Er war der einzige seiner Familie, dem die Auswanderung gelang. Die weiteren Mitglieder seiner Familie fielen dem Nationalsozialismus zum Opfer.[241]

Hildegard Lewin

Jasmin Moser

Hildegard Lewin kam 1952 nach Deutschland zurück, nachdem sie in Brixton Hill, einem Wohnviertel südlich von London, als Hausangestellte gearbeitet hatte.[242] Sie kehrte jedoch nicht nach Freising zurück, sondern wohnte von da an in Baldham in der Blumenstraße 4, damalige Gemeinde Zorneding.[243]

In einem Schriftsatz vom 15. Februar 1953 wurde festgelegt, dass Frau Lewin Anspruch auf eine Entschädigung für den Verlust von 250.000 Reichsmark hätte, alleine 15.000 Reichsmark für Schmuck und Juwelen, für die die Familie nur 80 Reichsmark erhalten hatte. Hildegard Lewin bevorzugte eine Entschädigung in Form eines Sperrkontos bei der Hypotheken- und Wechselbank Freising, sowie die Rückerstattung des bei der „jüdischen Generalaktion" im Jahre 1939 beschlagnahmten Vermögens in Form von Juwelen, Gold- und Silberwaren. Nach ihrem Antrag auf Rückerstattung fanden am 23. Juli 1957 Verhandlungen statt.[244] Nach einigen Differenzen zwischen Hildegard Lewin und der

Wiedergutmachungsbehörde 1 Oberbayern, beispielsweise am 6. Oktober 1953, als Hildegard ihren Anspruch auf Entschädigung nicht gelten lassen wollte, da in ihren Augen die Entschädigung bei weitem nicht den finanziellen Verlust gedeckt hätte, wurde am 4. Dezember 1957 das Verfahren endgültig eingestellt.

Nachdem sie das Geschäftshaus ihres Vaters zurückbekommen hatte, verkaufte sie 1970 das Gebäude zum halben Verkehrswert an die Stadt Freising unter der Auflage, das Haus in Erinnerung an ihren Vater „Marcus-Haus" zu nennen. Außerdem sollte in den unteren Geschossen weiterhin ein Warenhaus erhalten bleiben.[245]

Verstorben ist Frau Hildegard Lewin unverheiratet und kinderlos am 2. Februar 1974 in der Hauptstraße 48 in Töging am Inn. Sie hatte zu diesem Zeitpunkt sowohl die deutsche als auch die britische Staatsangehörigkeit. In der Sterbeanzeige ist sie als „Hausfrau" gelistet.

Ihren Nachlass vermachte sie Berta Lengger, die kaufmännische Angestellte war und an derselben Adresse in Baldham wie Hildegard Lewin ihren Erstwohnsitz gemeldet hatte.[246]

Emma Reißermayer

Marcus Wimmer

Nachdem Emma Reißermayer das KZ Theresienstadt überlebt hatte und zum Kriegsende befreit worden war, kehrte sie im Alter von 61 Jahren nach Bayern zurück und wohnte, wie ihre Tochter Elisabeth, die wiederum zwei Töchter hatte, in Gräfelfing.

Später zog Emma nach Holzkirchen, ihrem Zweitwohnsitz, wo sie 1961 starb. In ihren späteren Akten wurde angegeben, dass sie religionslos war.[247]

Einblicke, Rückblicke, Ausblicke

Fürs Leben lernen

Paulina Gastl

Als unserer Jahrgangsstufe in der zehnten Klasse die Liste an P-Seminaren für die Oberstufe präsentiert wurden, gab es eines, das von Beginn an heiß begehrt war: Es war das Geschichtsseminar mit dem Thema „... wenn Steine sprechen könnten". Eine der SchülerInnen, die dieses Seminar wählten, bin ich.

Zuerst verschafften wir uns einen Eindruck von den Quellen, die wir zuerst hauptsächlich aus dem Freisinger wie auch dem Münchner Stadtarchiv hatten. Jede einzelne Quelle durchlief ein „Quelleninterview", in dem wir Inhalt, Verfasser, Datum und weitere Informationen analysierten. Bei manchen Quellen, vor allem bei alten Dokumenten oder Fotografien, war uns die moderne Technik eine echte Hilfe.

Wir teilten uns auf in verschiedene Gruppen, jede zuständig für eine andere jüdische Familie, und fingen an, uns konstruktiv mit den Informationen auseinanderzusetzen. Es waren kleine Puzzleteile und wir begannen, diese zusammenzusetzen.

Nach und nach wurde einiges deutlicher. Wir wussten, wo „unsere" Familie herkam, wer mit wem verwandt war und irgendwann hörten wir auch auf, Väter mit Söhnen und Schwestern mit Schwägerinnen zu verwechseln. Dennoch waren die Lebensläufe noch lückenhaft. Wir mussten weitersuchen, tiefer in den Archiven graben. Dank vieler Archivare kamen wir in unseren Nachforschungen weiter. Archivar ist ein Beruf, der relativ unscheinbar ist, aber das sind Menschen mit viel Wissen, die einem unheimlich viel Arbeit abnehmen können, wenn es um alte Dokumente geht.

Eines Tages wurde unser Seminar nicht während der Stunde, sondern sogar noch in der Pause zusammengerufen. Es hieß von unserer Tutorin Frau Christof: „Noch steht nichts hundertprozentig fest, aber wir überlegen, eine Exkursion mit euch zu machen." Wir alle schauten uns gespannt an. Es schien keine kleine Unternehmung zu werden, wenn man schon so einen Spannungsbogen aufbaut. „Wir wollen mit euch nach Polen reisen, um die Gedenkstätte in Auschwitz zu besichtigen."

Stille. Ich sah meine Mitschüler an. Diese Nachricht brachte ganz gemischte Gefühle mit sich. Irgendwie freute ich mich. Seit so vielen Jahren hatten wir uns mit der Thematik des Holocaust beschäftigt, jedes Mal war das Wort Auschwitz gefallen. Und nun sollten wir diesen Ort selber sehen, hören, spüren können? Viele von uns waren zuvor noch nie in Polen, und ein neues Land zu erkunden ist natürlich auch spannend. Aber zu sagen, dass man sich darauf freut, das war schon eigenwillig. Denn Auschwitz ist und bleibt der Ort der größten systematischen Menschenvernichtung der Geschichte.

Im Februar 2018 reisten wir dann gemeinsam nach Krakau, wo wir in dem Stadtteil Kazimierz untergebracht waren. Wir sahen die Innenstadt, eigentlich eine wunderschöne Altstadt, leider nur mit so einer dunklen Geschichte. Gemeinsam besuchten wir die Fabrik des Oskar Schindler, die Gedenkstätte des Lagers Płaszów und schließlich auch die Gedenkstätte Auschwitz.

Auf die Besichtigung hatten wir uns zuvor intensiv vorbereitet. So nahmen wir alle einen Stein aus der Heimat der Freisinger Juden mit, um die Steine in Gedenken an „unsere" Familien dort zu platzieren. Außerdem bereiteten wir jüdische Gebete und Gedichte vor, die wir zum Abschluss vorlasen, während wir alle in einem Kreis standen. Es war kalt, überall lag gefrorener Schnee und der Himmel war grau. Und nach all dem, was wir zuvor in Auschwitz gesehen hatten, die

Berge an Menschenhaaren, Kinderschuhen und Koffern, kam nun dennoch ein gutes Gefühl auf. Denn wir wussten, dass wir das Richtige getan hatten mit unserem Projekt. Die Freisinger Juden waren nicht vergessen. Wir haben gegen das ankämpfen können, was die Nationalsozialisten stets erreichen wollten. Und wir haben es geschafft. Wir können das Vergangene vielleicht nicht ungeschehen machen, aber wir können kontrollieren, wie wir damit umgehen und was wir aus der Geschichte für uns mitnehmen.

Was unsere Exkursion uns für einen Antrieb gab, ist kaum in Worte zu fassen. Uns wurde der Ernst der Sache noch viel deutlicher. Dass wir tatsächlich einen Beitrag gegen das Vergessen der Opfer des Nationalsozialismus taten. Trotzdem waren bis zu diesem Zeitpunkt die Geschichten der Freisinger Juden nicht viel weiter als bis zu unseren eigenen Familien bekannt geworden. Ihnen hatten wir von unseren Forschungen und Eindrücken erzählt. Deshalb mussten wir handeln.

Schon zu Beginn des Seminars hatten wir über mögliche Produkte unserer Arbeit nachgedacht. Wir wollten für alle zugänglich machen und ansprechend gestalten, was wir entdeckt hatten. Wir entschieden uns für eine Ausstellung. Dazu gestalteten wir Wände, auf denen die Lebensläufe der Freisinger Juden festgehalten wurden, wollten aber auch multimedial sein, weshalb wir einen Kurzfilm über unsere Eindrücke in Auschwitz produzierten. Die Lebenswege der jüdischen Familien stellten wir in einer digitalen Karte dar.

Stück für Stück nahm unsere Ausstellung Gestalt an. Im November 2018 war es so weit: Wir luden zu unserer ersten Vernissage ein. Als wir unsere Ausstellung das zweite Mal bei uns in der Schule eröffneten, kamen sogar einige namhafte Politiker, vor allem aber kam Charlotte Knobloch, die Präsidentin der Israelitischen Kultusgemeinde München und Oberbayern. Sie

bekräftigte uns in unserem Tun und verkündete, unsere Ausstellung bald im jüdischen Zentrum am Jakobsplatz in München zu beherbergen. Das überraschte und freute uns natürlich alle sehr.

Auch durch unsere Ehrungen beim Geschichtswettbewerb des Bundespräsidenten und dem Landeswettbewerb Erinnerungszeichen wurden unsere Mühen wertgeschätzt.

Niemand von uns blieb unverändert in diesem Prozess. Das gemeinsam Erlebte werden wir für immer mit uns tragen. Hoffentlich nicht nur wir: Dadurch, dass Sie dieses Buch lesen, tragen Sie einen Teil dazu bei. Vielen Dank!

Warum wir forschen.
Stimmen aus dem Projekt

zusammengestellt von Simon Baumgartner

„Es ist besonders wichtig, die Informationen, die wir über diese Menschen haben, knapp und trotzdem präzise zusammenzufassen und allen Menschen zugänglich zu machen."

„Am schockierendsten fand ich, dass es in Freising öffentliche Aktionen gegen die Juden gab."

„Ich finde die Stolpersteine in Freising eine sehr schöne Idee, da man im Alltag damit konfrontiert wird."

„Es gab auch Freisinger Bürger, die die Leute von der SS und SA darauf angesprochen haben, dass sie das, was die gerade tun, nicht für richtig halten."

„Man soll an diese Menschen weiter denken und sie nicht vergessen."

„Ganz normale Menschen und Bürger waren plötzlich ausgeschlossen und wurden total entmenschlicht."

„Ich finde, was wir machen, ist schon ein richtiger Schritt. Es ist eine gute Sache."

„Man hat eine Möglichkeit, durch das Erstellen der Lebensläufe diesen Menschen eine Identität zurückzugeben."

„Über die NS-Zeit weiß man aus dem Schulunterricht einiges, aber irgendwie habe ich nie darüber nachgedacht, dass Freising davon auch betroffen war."

„Über das Leben der Freisinger Juden direkt wusste ich vorher nichts."

„Wir können aus der Vergangenheit lernen."

„Meine Motivation war, die Erinnerung an die Freisinger Juden aufrechtzuerhalten, ihnen Respekt zu erweisen, sie nicht in Vergessenheit geraten zu lassen."

„Ich wusste schon vorher, dass in Freising die Stolpersteine verlegt sind. Allerdings hätte ich nicht sagen können, welche Juden vor oder während der NS-Zeit in Freising gelebt haben."

„Ich würde mir wünschen, dass viele Menschen das lesen und gedenken."

„Das kann nicht das letzte Projekt sein. Das fände ich wichtig, dass das weitergeführt wird."

Was bleibt

Was bleibt am Ende eines solchen Projektes?

Die SchülerInnen, viele BesucherInnen unserer Ausstellung, ich und vermutlich auch Sie, die LeserInnen des Buches, gehen nun wahrscheinlich mit offeneren Augen durch die Freisinger Innenstadt und vielleicht auch durch andere europäische Städte, um Ausschau zu halten nach den kleinen, goldenen Steinen im Boden.

Wie es vom Initiator gedacht war: „Ein Stein. Ein Name. Ein Mensch."[248]

Diese Stolpersteine haben eine große Bedeutung. Sie zeigen ein Stück Vergangenheit in Form der jüdischen Biografien, aber auch ein Stück Gegenwart und Zukunft mit der Mahnung, sich an diese Personen zu erinnern.

Die Fragen, die am Anfang des Projekts standen, konnten zu großen Teilen geklärt werden. Das stetige Nachfragen der SchülerInnen und ihr Nicht-Lockerlassen hat dazu geführt, dass durch die Recherche viele neue Spuren aufgedeckt werden konnten. Den Menschen hinter den Stolpersteinen kann mit diesem Buch ein weiteres Andenken gesetzt werden: Sie bekommen ihre Geschichte zurück.

Dieser Teil der Vergangenheit gehört genauso mit zu Freising wie die positiven und schönen Seiten. Ich bin dankbar, dass die SchülerInnen es vollbracht haben, die Zeiten einander gegenüberzustellen: Sowohl jene, in denen die Juden angesehene und geachtete Bürger Freisings waren, als auch solche, in denen sie ausgegrenzt und verfolgt wurden.

Die Mahnung, die die Stolpersteine bedeuten, ist eine Mahnung an uns alle: Niemanden auszugrenzen, Ideologien zu hinterfragen und vor allem, nicht zu vergessen!

Julia Christof

Die Stolpersteine der Familie Holzer in Freising im Juni 2019, Obere Hauptstraße 9

Anhang

Glossar

Antisemitismus: Abneigung oder Feindschaft gegenüber den Juden; Judenfeindlichkeit, Judenhass

Arier: (in der rassistischen Ideologie des Nationalsozialismus) Angehöriger einer (besonders in Gegensatz zu den Juden definierten) angeblich geistig, politisch und kulturell überlegenen Menschengruppe, die auch durch bestimmte äußere Merkmale (blondes Haar, blaue Augen, bestimmte körperliche Vermessungswerte) erkennbar sein sollte

Arisierung: durch Enteignung oder zwangsweisen Verkauf in sogenannten arischen Besitz überführtes Eigentum der Juden

Barackenlager: aus Baracken bestehendes Lager, in dem Menschen behelfsmäßig untergebracht wurden, im Nationalsozialismus Sammelstätten der Juden vor der Deportation

Boykott jüdischer Geschäfte: reichsweite, antijüdische Aktion am 1. April 1933, an diesem Tag vor allem von Männern der SA oder der Hitlerjugend vor jüdischen Geschäften durchgesetzt, um die Bevölkerung davon abzuhalten, bei „Juden" einzukaufen, im NS-Sprachgebrauch als „Abwehrmaßnahme gegen die Gräuelpropaganda der Juden im Ausland" propagiert

Deportation: Zwangsverschickung, Verschleppung, Verbannung von Menschen aus unterschiedlichen Gründen, hier von Gruppen, die ausgelöscht werden sollten

Eiserne Front: Gegengewicht zur SA und der SS, Widerstandsgruppe gegen die extreme Rechte, bestehend aus Mitgliedern von SPD, Gewerkschaften, Arbeitersportverbänden und dem Reichsbanner Schwarz-Rot-Gold, im Zuge der Gleichschaltung aufgelöst

Ghetto: abgeschlossenes Stadtviertel, in dem die jüdische Bevölkerung abgetrennt von der übrigen Bevölkerung unter schlimmsten Bedingungen leben musste

Internierungslager: Lager, in dem Zivilpersonen (politische Gegner, Feinde, Angehörige eines gegnerischen Staates während des Krieges) in staatlichen Gewahrsam genommen wurden

israelitisch/Israelit: Jude, jüdischen Glaubens, im Nationalsozialismus nicht vorrangig religiöses Merkmal, sondern Definitionssache

Kennkarte: Ausweis, Papiere, hier diffamierend besondere, minderwertige und benachteiligende Dokumente zum Nachweis der Personalien

Konzentrationslager: (zur Zeit der nationalsozialistischen Herrschaft) Lager, in dem Gegner des nationalsozialistischen Regimes sowie Angehörige der als minderwertig erachteten Völker und andere nicht erwünschte Personengruppen in grausamer Weise unter menschenunwürdigen Bedingungen gefangen gehalten und in großer Zahl ermordet wurden, bei vordergründiger Tötungsabsicht auch → Vernichtungslager

Machtübernahme: auch Machtergreifung (Begriff geprägt von den Nationalsozialisten), Ereignisse der Ernennung Hitlers zum Reichskanzler am 30. Januar 1933, der Gleichschaltung, des Reichstagsbrands und der Reichstagsbrandverordnung sowie des Ermächtigungsgesetzes

Reichspogromnacht: auch Reichskristallnacht (euphemistisch), 9./10. November 1938, gewaltsam geplante Aktionen gegen Juden und jüdische Einrichtungen in vielen deutschen und österreichischen Städten und Gemeinden, von der NSDAP organisiert und von Mitgliedern der SA und SS (seltener HJ u.a.) ausgeführt

Schutzhaft: irreführender Deckname, Inhaftierung politischer Gegner und anderer Personen, die in irgendeiner Weise nicht den Vorstellungen der Nationalsozialisten entsprachen, ohne rechtsstaatliche Grundlage und Kontrolle bis zu drei Monaten, (besonders politisch motivierte) Vorbeugehaft

Shoa: jüdischer Begriff für den Holocaust (Völkermord/Genozid an den Juden)

Todesmärsche: „Evakuierung" der Häftlinge von Konzentrationslagern gegen Ende des Krieges, durch den näher rückenden Frontverlauf initiiert, Marsch der Häftlinge unter unmenschlichen, brutalen Bedingungen über weite Strecken, Tötung von Kranken, Schwachen, Fluchtwilligen, extrem hohe Todesraten

Vernichtungslager: ausschließlich zur Ermordung der Gefangenen, besonders Juden, bestimmte Konzentrationslager, Überleben nur von wenigen Gefangenen, die für die Tätigkeiten zum Betrieb des Lagers am Leben gelassen und später ermordet wurden

Wannsee-Konferenz: Treffen von SS-Funktionären und hochrangigen Beamten des Staats- und Regierungsapparats am 20. Januar 1942, Ort der Vereinbarung der sogenannten „Endlösung der Judenfrage"

Wiedergutmachungsantrag: Rückerstattung von Vermögenswerten an Juden auf Antrag durch die Bundesrepublik als völkerrechtlicher Folgestaat des nationalsozialistischen Deutschen Reiches

Zwangsvornamen: Vorname, zu dessen Führung jemand aufgrund seiner Zugehörigkeit zu einer bestimmten Gruppe gezwungen wurde (im Nationalsozialismus per Gesetz vom 17. August 1938 für Juden Israel oder Moses, für Jüdinnen Sara)

Zitatnachweis

i   Vgl. Körber-Stiftung (Hrsg.): Geschichtswettbewerb des Bundespräsidenten. Porträt, URL: https://www.koerber-stiftung.de/geschichtswettbewerb/portraet (zuletzt aufgerufen: 22.07.2019).

ii Vgl. Stolpersteine (Hrsg.): Stolpersteine, URL: http://www.stolpersteine.eu/start/ (zuletzt aufgerufen: 22.07.2019).

iii Vgl. Artikel „Deutsche unter Deutschen", in: Freisinger Tagblatt 1938/266, 15.11.1938.

1   Vgl. Auszug aus dem Adreßbuch für Stadt & Bezirksamt Freising, 1920, S. 35, sowie Auszug aus dem Adreßbuch für Stadt & Bezirksamt Freising, 1920, S. 96.

2   Vgl. Bernhard Holzer, in: Bundesarchiv (Hrsg.): Gedenkbuch für die Opfer der Verfolgung der Juden unter der nationalsozialistischen Gewaltherrschaft in Deutschland 1933-1945, URL: https://www.bundesarchiv.de/gedenkbuch/imprint.html.de (zuletzt aufgerufen: 22.07.2019), vgl. auch Heiratsurkunde Bernhard Holzer, 1902, Stadtarchiv Freising.

3   Süddeutsche Israelitische Wochenschrift 15/1925, S. 239 (26.9.1924).

4   Vgl. Landesentschädigungsamt München, Bernhard Holzer, 1960.

5   Vgl. Protokoll Nr. 1994 vom 16.02.1896. In: Bauakt Obere Hauptstraße 9, Stadtarchiv Freising.

6   Vgl. Auszug aus dem Adreßbuch für Stadt & Bezirksamt Freising, Stadtarchiv Freising, 1920, S. 35.

7   Vgl. Auszug aus dem Adreßbuch für Stadt & Bezirksamt Freising, Stadtarchiv Freising, 1920, S. 96.

8   Vgl. Offizieller Führer zum Freisinger Volksfest, 1929, Privatbesitz Völkl.

9   Vgl. Werbung Warenhaus Holzer, aus: Freisinger Tagblatt Mai 1928.

10 Vgl. Arisierung Warenhaus Holzer, Schriftverkehr IHK, 1938, Stadtarchiv Freising.

11 Vgl. Henriette Holzer, in: Bundesarchiv (Hrsg.): Gedenkbuch für die Opfer der Verfolgung der Juden unter der nationalsozialistischen Gewaltherrschaft in Deutschland 1933-1945, URL: https://www.bundesarchiv.de/gedenkbuch/imprint.html.de (zuletzt aufgerufen: 22.07.2019), vgl. auch Heiratsurkunde Bernhard Holzer, 1902, Stadtarchiv Freising. Unterschiedliche Schreibweisen: Neumeyer, Neumayer, Neumaier. Verwandtschaft mit Hanna Holzer ungeklärt

12 Vgl. Heiratsurkunde Bernhard Holzer, 1902, Stadtarchiv Freising.

13 United States Holocaust Memorial Museum (Hrsg.): Holocaust Survivors and Victims Database, URL: https://www.ushmm.org/online/hsv/person_advance_search.php (zuletzt aufgerufen: 22.07.2019).

14 Vgl. Protokoll Nr. 1994 vom 16.02.1896. In: Bauakt Obere Hauptstraße 9, Stadtarchiv Freising

15 Vgl. Geburtsurkunde Irma Holzer, 1902, Stadtarchiv Freising, vgl. auch Geburtsurkunde Siegfried Holzer, 1902, Stadtarchiv Freising.

16 Vgl. Aufruf zum Boykott, aus: Freisinger Tagblatt 1933/78, 02.04.1933, S. 4.

17 Vgl. Polizeibericht vom 11.11.1938, Gestapo München, Staatsarchiv München LRA 116 523.

18 Vgl. „Deutsche unter Deutschen", aus: Freisinger Tagblatt 1938/266, 15.11.1938.

19 Vgl. Bromig, Karolin: Seminararbeit Biographie Oskar Holzer, Seminar Namen statt Nummern, Freising 2017, vgl. auch Stadtarchiv München, WB I a 1404.

20 Kaufkraftäquivalent lt. Deutscher Bundesbank (2018): 168 000 Euro (zum Vergleich heutiger Bodenpreis ohne Bebauung pro Quadratmeter in Freisinger Innenstadt: 500 € / m²), vgl. Deutsche Bundesbank (Hrsg.): Kaufkraftvergleiche historischer Geldbeträge, URL: https://www.bundesbank.de/de/statistiken/konjunktur-und-preise/erzeuger-und-verbraucherpreise/kaufkraftvergleiche-historischer-geldbetraege-775308 (zuletzt aufgerufen: 22.07.2019).

21 Vgl. Arisierung Warenhaus Holzer, Kaufvertrag, Stadtarchiv Freising.

22 Vgl. Bernhard Holzer, in: Bundesarchiv (Hrsg.): Gedenkbuch für die Opfer der Verfolgung der Juden unter der nationalsozialistischen Gewaltherrschaft in Deutschland 1933-1945, URL: https://www.bundesarchiv.de/gedenkbuch/imprint.html.de (zuletzt aufgerufen: 22.07.2019).

23 Vgl. Bernhard Holzer, in: Bundesarchiv (Hrsg.): Gedenkbuch für die Opfer der Verfolgung der Juden unter der nationalsozialistischen Gewaltherrschaft in Deutschland 1933-1945, URL: https://www.bundesarchiv.de/gedenkbuch/imprint.html.de (zuletzt

aufgerufen: 22.07.2019), vgl. auch Willi Wolf Holzer, in: Bundesarchiv (Hrsg.): Gedenkbuch für die Opfer der Verfolgung der Juden unter der nationalsozialistischen Gewaltherrschaft in Deutschland 1933-1945, URL: https://www.bundesarchiv.de/gedenkbuch/imprint.html.de (zuletzt aufgerufen: 22.07.2019).

24 Vgl. Bernhard Holzer, in: Bundesarchiv (Hrsg.): Gedenkbuch für die Opfer der Verfolgung der Juden unter der nationalsozialistischen Gewaltherrschaft in Deutschland 1933-1945, URL: https://www.bundesarchiv.de/gedenkbuch/imprint.html.de (zuletzt aufgerufen: 22.07.2019), vgl. auch Landesentschädigungsamt München, Bernhard Holzer, 1960.

25 Vgl. Deportationsliste 24.06.1942 von München nach Theresienstadt, URL: http://statistik-des-holocaust.de/list_ger_bay_420603.html (zuletzt aufgerufen: 22.07.2019), vgl. auch Holocaust.CZ (Hrsg.): Database of the Holocaust Victims, URL: https://www.holocaust.cz/en/main-2/ (zuletzt aufgerufen: 22.07..2019), vgl. auch United States Holocaust Memorial Museum (Hrsg.): Holocaust Survivors and Victims Database, URL: https://www.ushmm.org/online/hsv/person_advance_search.php (zuletzt aufgerufen: 22.07.2019).

26 Vgl. Landesentschädigungsamt München, Bernhard Holzer, 1960.

27 Vgl. Geburtsurkunde Irma Holzer, Stadtarchiv Freising.

28 Vgl. Heiratsurkunde Bernhard Holzer, Stadtarchiv Freising.

29 Vgl. Geburtsurkunde Siegfried Holzer, 1902, Stadtarchiv Freising.

30 Vgl. Auszug aus dem Adreßbuch für Stadt und Bezirksamt Freising, 1920, S. 35.

31 Vgl. Auszug aus dem Adreßbuch für Stadt und Bezirksamt Freising, 1920, S. 96.

32 Vgl. Pfeiffer, Sandra: Facharbeit Spuren jüdischen Lebens in Freising ab 1880, Freising 1996, S. 18.

33 Vgl. Deportationsliste Siegfried Holzer, URL: http://db.yadvashem.org/deportation/transportDetails.html?language=de&itemId=5092652 (zuletzt aufgerufen: 22.07.2019), vgl. auch Dokument über die Deportation von Siegfried Holzer von Frankreich aus nach Auschwitz. 20.07.1942, Stadtarchiv München.

34 Vgl. United States Holocaust Memorial Museum (Hrsg.): Holocaust Survivors and Victims Database, URL: https://www.ushmm.org/online/hsv/person_advance_search.php (zuletzt aufgerufen: 22.07.2019).

35 Vgl. Polizeibericht vom 11.11.1938, Gestapo München, Staatsarchiv München LRA 116 523.

36 Vgl. Artikel „Deutsche unter Deutschen", aus: Freisinger Tagblatt 1938/266, 11.11.1938.

37 Vgl. United States Holocaust Memorial Museum (Hrsg.): Holocaust Survivors and Victims Database, URL: https://www.ushmm.org/online/hsv/person_advance_search.php (zuletzt aufgerufen: 22.07.2019).

38 Vgl. Strnad, Maximilian: Flachs für das Reich. Das jüdische Zwangsarbeitslager „Flachsröste Lohhof" bei München, München 2013, S. 44.

39 Vgl. Strnad, Maximilian: Flachs für das Reich. Das jüdische Zwangsarbeitslager „Flachsröste Lohhof" bei München, München 2013, S. 23.

40 Vgl. Deportationsliste 24.06.1942 von München nach Theresienstadt, URL: http://statistik-des-holocaust.de/list_ger_bay_420603.html (zuletzt aufgerufen: 22.07.2019), vgl. auch Entschädigungsakte, Bernhard Holzer, Landesentschädigungsamt München, 1960.

41 Vgl. United States Holocaust Memorial Museum (Hrsg.): Holocaust Survivors and Victims Database, URL: https://www.ushmm.org/online/hsv/person_advance_search.php (zuletzt aufgerufen: 22.07.2019).

42 Vgl. Artikel über Piaski Luterskie, in: Miron, Guy (Hrsg.): The Yad Vashem encyclopedia of the ghettos during the Holocaust (Bd. 2), Jerusalem 2009, S. 584f.

43 Vgl. Geburtsurkunde Siegfried Holzer, 1902, Stadtarchiv Freising.

44 Vgl. Promotionsakte Siegfried Holzer, Universitätsarchiv Erlangen-Nürnberg, AZ: UAE C2/3 Nr. 4781.

45 Vgl. Jahresbericht Dom-Gymnasium Freising 1965/66, Schularchiv Dom-Gymnasium Freising.

46 Jahresbericht Dom-Gymnasium Freising 1965/66, S. 32, Stadtarchiv Freising.

47 Vgl. Promotionsakte Siegfried Holzer, Universitätsarchiv Erlangen-Nürnberg, AZ: UAE C2/3 Nr. 4781, vgl. Kriegsstammrollen, BayHStA, KrStR 1546.

48 Vgl. Verzeichnis der Studierenden Wintersemester 1916/17, Quelle: Universitätsarchiv München, URL:

https://epub.ub.uni-muenchen.de/9681// (zuletzt aufgerufen am: 22.07.2019).

49 Vgl. Promotionsakte Siegfried Holzer, Universitätsarchiv Erlangen-Nürnberg, AZ: UAE C2/3 Nr. 4781.

50 Vgl. Personenakte Siegfried Holzer, Universitätsarchiv Ludwig-Maximilians-Universität.

51 Vgl. Promotionsakte Siegfried Holzer, Universitätsarchiv Erlangen-Nürnberg, AZ: UAE C2/3 Nr. 4781.

52 Vgl. Entschädigungsakte Hedda Holzer, Landesamt für Finanzen Bayern, AZ: 87304|VI|8514, vgl. auch Amtliches Fernsprechbuch München, 1929 ZB20568.

53 Vgl. Entschädigungsakte Hedda Holzer, Landesamt für Finanzen Bayern, AZ: 87304|VI|8514.

54 Vgl. Entschädigungsakte Hedda Holzer, Landesamt für Finanzen Bayern, AZ: 87304|VI|8514.

55 Vgl. Deportationsliste Siegfried Holzer, URL: http://db.yadvashem.org/deportation/transportDetails.html?language=de&itemId=5092652 (zuletzt aufgerufen: 22.07.2019), vgl. auch Deportationsliste Siegfried Holzer, URL: https://www.bundesarchiv.de/gedenkbuch/chronicles.html?page=3 (zuletzt aufgerufen: 22.07.2019).

56 Vgl. Stadtarchiv München (Hrsg.): Biographisches Gedenkbuch der Münchner Juden 1933-1945, München 2007, URL: https://www.muenchen.de/rathaus/Stadtverwaltung/Direktorium/Stadtarchiv/Juedisches-Muenchen/Gedenkbuch.html (zuletzt aufgerufen: 22.07.2019).

57 Vgl. Entschädigungsakte Hedda Holzer, Landesamt für Finanzen Bayern, AZ: 87304|VI|8514.

58 Vgl. Promotionsakte Hedda Holzer, Universitätsarchiv Greifswald AZ: Jur. Diss. 2355.

59 Vgl. Entschädigungsakte Hedda Holzer AZ: 87304 |IV| 8514 Landesamt für Finanzen Bayern.

60 Vgl. Promotionsakte Hedda Holzer, Universitätsarchiv Greifswald AZ: Jur. Diss. 2355.

61 Vgl. Entschädigungsakte Hedda Holzer AZ: 87304 |IV| 8514 Landesamt für Finanzen Bayern, siehe auch: International Tracing Service Siegfried Holzer, 14.2.1956, aus Hoyer, Guido: Verfolgung und Widerstand in der NS-Zeit. Gedenkorte im Landkreis Freising, Treuchtlingen 2015, S. 22.

62 Vgl. Stadtarchiv München (Hrsg.): Biographisches Gedenkbuch der Münchner Juden 1933-1945,

München 2007, URL: https://www.muenchen.de/rathaus/Stadtverwaltung/Direktorium/Stadtarchiv/Juedisches-Muenchen/Gedenkbuch.html (zuletzt aufgerufen: 22.07.2019).

63 Vgl. Promotionsakte Hedda Holzer, Universitätsarchiv Greifswald AZ: Jur. Diss. 2355.

64 Vgl. Entschädigungsakte Hedda Holzer AZ: 87304 |IV| 8514 Landesamt für Finanzen Bayern.

65 Vgl. Entschädigungsakte Hedda Holzer AZ: 87304 |IV| 8514 Landesamt für Finanzen Bayern.

66 Vgl. Rehabilitierung der entzogenen akademischen Grade und Ehrengrade, 26.01.2001, URL: http://www.uni-protokolle.de/nachrichten/id/67765/ (zuletzt aufgerufen: 22.07.2019).

67 Vgl. Kennkarte Oskar Holzer, 1938, Stadtarchiv Freising.

68 Vgl. Ahnentafel Holzer, Privatarchiv: Franz Holzer.

69 Vgl. NS-Opfer-Bogen, Objekt-Nr. 5344, Stadtarchiv München.

70 Vgl. Todesanzeige Ehefrau Jakob Holzer, Stadtarchiv München, online abrufbar unter: Alemannia Judaica (Hrsg.): Stein am Kocher, URL: http://www.alemannia-judaica.de/stein_am_kocher_synagoge.htm# (zuletzt aufgerufen: 22.07.2019).

71 Vgl. Kennkarte Oskar Holzer, 1938, Stadtarchiv Freising.

72 Vgl. Ahnentafel Holzer, Privatarchiv: Franz Holzer.

73 Vgl. NS-Opfer-Bogen, Objekt-Nr. 5347, Stadtarchiv München.

74 Vgl. Kennkarte Hanna Holzer, 1938, Stadtarchiv Freising.

75 Vgl. Kennkarte Ilse Holzer, 1938, Stadtarchiv Freising.

76 Vgl. Reisepass Martin Holzer, 09.10.1934, Stadtarchiv Freising.

77 Vgl. Kennkarte Hanna Holzer, 1938, Stadtarchiv Freising.

78 Vgl. Auszug aus dem Adreßbuch für Stadt & Bezirksamt Freising, 1920, S. 35.

79 Vgl. Arisierung Warenhaus Holzer, Kaufvertrag, Stadtarchiv Freising.

80 Vgl. Kennkarte Oskar Holzer, 1938, Stadtarchiv Freising.

81 Vgl. Aufruf zum Boykott, aus: Freisinger Tagblatt 1933/78, 02.04.1933, S. 4.

82 Vgl. Stadtverwaltung Freising Registratur 4371, Störung des Weihnachtsfriedens (Judengeschäfte), 1935, Stadtarchiv Freising.

83 Vgl. Artikel „Wie viel Juden gibt es noch in Freising" aus: Freisinger Tagblatt 1938/177, 02.08.1938; vgl. auch Artikel „Juden raus aus Freising", aus: Freisinger Tagblatt 1938/263, 11.11.1938.

84 Vgl. Kennkarte Oskar Holzer, 1938, Stadtarchiv Freising.

85 Kaufkraftäquivalent lt. Deutscher Bundesbank (2018): 168 000 Euro (zum Vergleich heutiger Bodenpreis ohne Bebauung pro Quadratmeter in Freisinger Innenstadt: 500 € / m²), vgl. Deutsche Bundesbank (Hrsg.): Kaufkraftvergleiche historischer Geldbeträge, URL: https://www.bundesbank.de/de/statistiken/konjunktur-und-preise/erzeuger-und-verbraucherpreise/kaufkraftvergleiche-historischer-geldbetraege-775308 (zuletzt aufgerufen: 22.07.2019).

86 Vgl. Arisierung Warenhaus Holzer, Kaufvertrag, Stadtarchiv Freising, vgl. auch Ankündigung Übernahme des Kaufhauses Gebrüder Holzer durch Hans Obster, Freisinger Tagblatt Nr. 240, 14.10.1938, S. 8.

87 Vgl. KZ-Gedenkstätten Dachau, Stiftung Bayerische Gedenkstätte, ITS 101/014, vgl. auch Bromig, Karolin: Seminararbeit Biographie Oskar Holzer, Seminar Namen statt Nummern, Freising 2017, S. 9f.

88 Vgl. Meldebogen: Familienbogen Holzer, Stadtarchiv Freising.

89 Vgl. Bromig, Karolin: Seminararbeit Biographie Oskar Holzer, Seminar Namen statt Nummern, Freising 2017, vgl. auch Stadtarchiv München, WB I a 1404.

90 Vgl. Sterbeurkunde Oskar Holzer, 1939, Stadtarchiv München.

91 Vgl. Pfoertner, Helga: Mit der Geschichte leben. Bd. 2, München 2003, S. 25–28.

92 Vgl. Heusler, Andreas/ Schmidt, Brigitte/ Strnad, Maximilian: Die Einrichtungen der israelitischen Kultusgemeinde München während der NS-Zeit, URL: https://www.muenchen.de/rathaus/dam/jcr:fb6423e6-04a2-446c-be8c-7f8ba4fec5ee/Einrichtungen%20der%20Israelitischen%20Kultusgemeinde.pdf (zuletzt aufgerufen: 22.07.2019).

93 Vgl. Bromig, Karolin: Seminararbeit Biographie Oskar Holzer, Seminar Namen statt Nummern, Freising 2017, vgl. auch Stadtarchiv München WB I a 1404.

94 Vgl. Grab Oskar Holzer, Neuer Israelitischer Friedhof München, Sektion 6, Reihe 4, Grab 8.

95 NS-Opfer-Bogen, Objekt-Nr. 5385, Stadtarchiv München.

96 NS-Opfer-Bogen, Objekt-Nr. 5347, Stadtarchiv München.

97 NS-Opfer-Bogen, Objekt-Nr. 5385, Stadtarchiv München.

98 Vgl. Deportationsliste 13.07.1942 von München nach Auschwitz, URL: http://statistik-des-holocaust.de/OT420713-2.jpg (zuletzt aufgerufen: 22.07.2019), Historisches Archiv der Commerzbank, Bestand HAC-500/3774-2000.

99 Vgl. NS-Opfer-Bogen, Objekt-Nr. 5347; NS-Opfer-Bogen, Objekt-Nr. 5385, Stadtarchiv München.

100 Vgl. Kennkarte Ilse Holzer, 1938, Stadtarchiv Freising.

101 Vgl. Entschädigungsakte zu Ilse Holzer, Bayerisches Hauptstaatsarchiv München, LEA 17454.

102 Vgl. Notter, Florian: Zur Um- und Neubenennung von Freisinger Straßen während der NS-Zeit, FINK Freising 2014, URL: http://www.fink-magazin.de/zur-um-und-neubenennung-von-freisinger-strassen-waehrend-der-ns-zeit/ (zuletzt aufgerufen: 22.07.2019).

103 Vgl. Pfeiffer, Sandra: Facharbeit Spuren jüdischen Lebens in Freising ab 1880, Freising 1996, S. 20.

104 Vgl. Kennkarte Ilse Holzer, 1938, Stadtarchiv Freising.

105 Dazu und im Folgenden vgl. Kennkarte Ilse Holzer, 1938, Stadtarchiv Freising, vgl. auch Entschädigungsakte zu Ilse Holzer, Bayerisches Hauptstaatsarchiv München LEA 17454.

106 Vgl. Reisepass Martin Holzer, 09.10.1934, Stadtarchiv Freising.

107 Vgl. Antrag Auswanderung Martin Holzer, 01.03.1935, Stadtarchiv Freising.

108 Vgl. Kriegsstammrollen, BayHStA, KrStR 13659, KrStR 14010, KrStR 14390, KrStR 14438.

109 Vgl. Verzeichnis der Studierenden Sommersemester 1920, Quelle: Universitätsarchiv LMU München htt-

ps://epub.ub.uni-muenchen.de/9688/ (zuletzt aufgerufen: 22.07.2019).

110 Vgl. Zeugnisse Martin Holzer, Schularchiv Dom-Gymnasium Freising.

111 Vgl. Verzeichnis der Studierenden, Quelle: Universitätsarchiv LMU München, URL: https://epub.ub.uni-muenchen.de/view/lmu/pverz.html (zuletzt aufgerufen am: 22.07.2019)

112 Vgl. Verzeichnis der Doktoren der LMU Universitätsarchiv, Quelle: Resch, Lieselotte / Buzas, Ladislaus: Verzeichnis der Doktoren und Dissertationen der Universität Ingolstadt – Landshut – München 1472 – 1970 Bd. 1 Theologische, Juristische, Staatswirtschaftliche Fakultät, München 1975, S. 314.

113 Vgl. Reisepass Martin Holzer, 09.10.1934, Stadtarchiv Freising.

114 Vgl. Entschädigungsakte zu Ilse Holzer, BayHStA, LEA 17454.

115 Dazu und im Folgenden vgl. Schriftverkehr Abnahme Pass Martin Holzer, 04.01.1934, Stadtarchiv Freising, vgl. auch Antrag Auswanderung Martin Holzer, 01.03.1935, Stadtarchiv Freising, vgl. auch Hoser, Paul: Die Anfänge des Nationalsozialismus in Freising bis 1933 (2. Teil), in: Amperland 3/2015, S. 424-428.

116 Vgl. Schriftverkehr Abnahme Pass Martin Holzer, 04.01.1934, Stadtarchiv Freising.

117 Antrag Auswanderung Martin Holzer, 01.03.1935, Stadtarchiv Freising.

118 Vgl. Entschädigungsakte Ilse Holzer, LEA 17454, vgl. auch Brief an die Gestapo 1938, Stadtarchiv Freising.

119 Oskar Holzer; Auszug aus einem Brief an seinen Sohn Dr. Martin Holzer vom 14. Mai 1938, in: Bromig, Karolin: Seminararbeit Biographie Oskar Holzer, Seminar Namen statt Nummern, Freising 2017, S. 4.

120 Unterschiedliche Schreibweisen Marcus oder Markus (vgl. Inhaftierungsbescheinigung, ausgestellt am: 20.11.1956, Internationaler Suchdienst Bad Arolsen (ITS), aus: Hoyer, Guido: Verfolgung und Widerstand in der NS-Zeit. Gedenkorte im Landkreis Freising, Treuchtlingen 2015, S. 25f, vgl. auch Auszug aus dem Adreßbuch für Stadt & Bezirksamt Freising, 1920, S. 43 und weitere).

121 Suchblatt La Croix Rouge und Marcus Lewins Kennkarte, Stadtarchiv München.

122 Vgl. Auszug aus dem Adreßbuch für Stadt & Bezirksamt Freising, 1920, S. 43.

123 Vgl. Heiratsurkunde Lewin, 15. April 1901, Standesamt Freising.

124 Vgl. Werbung Kaufhaus Krell, aus: Offizieller Führer zum Freisinger Volksfest, 1929, S. 46, Privatbesitz Völkl.

125 Vgl. Fritz, Eva: Die Baugeschichte des Marcushauses am Freisinger Marienplatz, in: Götz, Ulrike (Hrsg.): 42. Sammelblatt des Historischen Vereins Freising, Freising 2012, S. 139.

126 Vgl. Werbeanzeige, aus: Freisinger Tagblatt 1928/125, 01.06.1928, vgl. auch Rechnung Max Krell Nachfolger, 18.04.1908.

127 Vgl. Pfeiffer, Sandra: Facharbeit Spuren jüdischen Lebens in Freising ab 1880, Freising 1996, S. 35f.

128 Freisinger Tagblatt 19.11.1904, Stadtarchiv Freising, zitiert in: Fritz, Eva: Die Baugeschichte des Marcushauses am Freisinger Marienplatz, in: Götz, Ulrike (Hrsg.): 42. Sammelblatt des Historischen Vereins Freising, Freising 2012, S. 144f.

129 Vgl. Werbeanzeige, aus: Freisinger Tagblatt 1928/125, 01.06.1928, Werbeanzeige, aus: Freisinger Tagblatt, August 1928.

130 Vgl. Fritz, Eva: Die Baugeschichte des Marcushauses am Freisinger Marienplatz, in: Götz, Ulrike (Hrsg.): 42. Sammelblatt des Historischen Vereins Freising, Freising 2012, S. 145f, vgl. auch Pfeiffer, Sandra: Facharbeit Spuren jüdischen Lebens in Freising ab 1880, Freising 1996, S. 35-37.

131 Vgl. Lehrmann, Günther: Das Marcus-Haus am Freisinger Marienplatz, September 2010, Stadtgeschichten (Fink).

132 Vgl. Auszug aus dem Adreßbuch für Stadt & Bezirksamt Freising, Stadtarchiv Freising, 1920, S. 43.

133 Vgl. Grab Johanna Lewin, Neuer Israelitischer Friedhof München, Sektion 10, Reihe 12, Grab 17.

134 Vgl. NS-Opfer-Bogen, Objekt-Nr. 1608, Stadtarchiv München.

135 Vgl. NS-Opfer-Bogen, Objekt-Nr. 13033.

136 Vgl. Pfeiffer, Sandra: Facharbeit Spuren jüdischen Lebens in Freising ab 1880, Freising 1996, S. 23.

137 Vgl. Radlmaier, Thomas: Dunkle Jahre einer Stadt. Das Leiden der Freisinger Juden, in: Süddeutsche Zeitung 27.11.2013, URL: https://www.sueddeut-

sche.de/muenchen/freising/dunkle-jahre-einer-stadt-das-leiden-der-freisinger-juden-1.1829217 (zuletzt aufgerufen: 22.07.2019), vgl. auch Fritz, Eva: Die Baugeschichte des Marcushauses am Freisinger Marienplatz, in: Götz, Ulrike (Hrsg.): 42. Sammelblatt des Historischen Vereins Freising, Freising 2012, S. 139.

138   Vgl. Schott, Sebastian: „Weiden a mechtige kehill". Eine jüdische Gemeinde in der Oberpfalz vom Mittelalter bis zur Mitte des 20. Jahrhunderts, Pressath 1999, S. 116-118.

139   Vgl. Standesamt Freising, Heiratsurkunde vom 15. April 1901.

140   Vgl. Polizeiakte des Polizeipräsidiums München, Stadtarchiv München.

141   Vgl. Grab Johanna Lewin, Neuer Israelitischer Friedhof München, Sektion 10, Reihe 12, Grab 17.

142   Vgl. Grab Johanna Lewin, Neuer Israelitischer Friedhof München, Sektion 10, Reihe 12, Grab 17.

143   Vgl. Sterbeurkunde Hildegard Lewin, Gemeinde Töging am Inn.

144   Vgl. Foto des Kaufhauses Max Krell Nachfolger am 01.04.1933, aus: Kochendörfer/Schmid: Freising unter dem Hakenkreuz, Freising 1983, S. 48f, vgl. auch Aufruf zum Boykott, aus: Freisinger Tagblatt 1933/78, 02.04.1933, S. 4.

145   Vgl. Radlmaier, Thomas: Dunkle Jahre einer Stadt. Das Leiden der Freisinger Juden, in: Süddeutsche Zeitung, 27. November 2013, URL: https://www.sueddeutsche.de/muenchen/freising/dunkle-jahre-einer-stadt-das-leiden-der-freisinger-juden-1.1829217 (zuletzt aufgerufen: 22.07.2019).

146   Vgl. Fritz, Eva: Die Baugeschichte des Marcushauses am Freisinger Marienplatz, in: Götz, Ulrike (Hrsg.): 42. Sammelblatt des Historischen Vereins Freising, Freising 2012, S. 146.

147   Foto von dem ehemaligen Schaufenster Max Krell Nachfolger, auf den Schildern wird erklärt, dass das Geschäft nun Friedrich Langbein gehört, Stadtarchiv Freising

148   Vgl. Fritz, Eva: Die Baugeschichte des Marcushauses am Freisinger Marienplatz, in: Götz, Ulrike (Hrsg.): 42. Sammelblatt des Historischen Vereins Freising, Freising 2012, S. 146.

149   Vgl. Stadtarchiv München (Hrsg.): Biographisches Gedenkbuch der Münchner Juden 1933-1945, München 2007, URL: https://www.muenchen.de/rathaus/Stadtverwaltung/Direktorium/Stadtarchiv/Juedisches-Muenchen/Gedenkbuch.html (zuletzt aufgerufen: 22.07.2019).

150   Vgl. Inhaftierung Marcus Lewin, Archiv KZ-Gedenkstätte Dachau.

151   Vgl. Inhaftierungsbescheinigung, ausgestellt am 20.11.1956, aus: Hoyer, Guido: Verfolgung und Widerstand in der NS-Zeit. Gedenkorte im Landkreis Freising, Treuchtlingen 2015, S. 25f.

152   Vgl. Grab Marcus Lewin, Neuer Israelitischer Friedhof München, Sektion 19, Reihe 13, Grab 3.

153   Vgl. Fritz, Eva: Die Baugeschichte des Marcushauses am Freisinger Marienplatz, in: Götz, Ulrike (Hrsg.): 42. Sammelblatt des Historischen Vereins Freising, Freising 2012, S. 146.

154   Vgl. Polizeiakte des Polizeipräsidiums München, Stadtarchiv München.

155   Vgl. NS-Opfer-Bogen, Objekt-Nr. 6358, Stadtarchiv München.

156   Vgl. Polizeiakte des Polizeipräsidiums München, Stadtarchiv München.

157   Vgl. Polizeiakte des Polizeipräsidiums München, Stadtarchiv München.

158   Vgl. Akte FinA 18247, Staatsarchiv München.

159   Vgl. Akte BFD 1 849, Staatsarchiv München.

160   Vgl. Aberkennung Staatsangehörigkeit Hildegard Lewin, Berlin Documents Center, Washington DC, Index von Juden, deren deutsche Staatsbürgerschaft vom Nazi-Regime annulliert wurde, 1935-1944.

161   Vgl. Akte BFD1 849, Staatsarchiv München.

162   Vgl. Pfeiffer, Sandra: Facharbeit Spuren jüdischen Lebens in Freising ab 1880, Freising 1996, S. 63.

163   Vgl. Akte FinA 18248, Staatsarchiv München.

164   Vgl. Auszug aus dem Adreßbuch für Stadt & Bezirksamt Freising, Stadtarchiv Freising, 1920, S. 47, vgl. auch Auszug aus dem Adreßbuch für Stadt & Bezirksamt Freising, Stadtarchiv Freising, 1920, S. 96, vgl. auch Pfeiffer, Sandra: Facharbeit Spuren jüdischen Lebens in Freising ab 1880, Freising 1996, S. 12-14.

165   Vgl. Auszug aus dem Adreßbuch für Stadt & Bezirksamt Freising, Stadtarchiv Freising, 1920, S. 96, vgl. auch Werbung Neuburger, aus: Offizieller Führer zum Freisinger Volksfest, 1929, S. 46, Privatbesitz Völkl.

166 Vgl. Postkarte: Kaufhaus Neuburger, Stadtarchiv Freising.

167 Vgl. Arisierung Kaufhaus Neuburger, 1939, Stadtarchiv Freising.

168 Vgl. Radlmaier, Thomas: Dunkle Jahre einer Stadt. Das Leiden der Freisinger Juden, in: Süddeutsche Zeitung 27.11.2013, URL: https://www.sueddeutsche.de/muenchen/freising/dunkle-jahre-einer-stadt-das-leiden-der-freisinger-juden-1.1829217 (zuletzt aufgerufen: 22.07.2019), vgl. auch Pfeiffer, Sandra: Facharbeit Spuren jüdischen Lebens in Freising ab 1880, Freising 1996, S. 31.

169 Vgl. Grammel, Wolfgang: Zur Geschichte der Freisinger Juden im Zeitraum 1880-1945, 2000, URL: https://www.grin.com/document/99543 (zuletzt aufgerufen: 22.07.2019), vgl. auch Pfeiffer, Sandra: Facharbeit Spuren jüdischen Lebens in Freising ab 1880, Freising 1996, S. 15.

170 Vgl. Radlmaier, Thomas: Dunkle Jahre einer Stadt. Das Leiden der Freisinger Juden, in: Süddeutsche Zeitung 27.11.2013, URL: https://www.sueddeutsche.de/muenchen/freising/dunkle-jahre-einer-stadt-das-leiden-der-freisinger-juden-1.1829217 (zuletzt aufgerufen: 22.07.2019).

171 Vgl. Pfeiffer, Sandra: Facharbeit Spuren jüdischen Lebens in Freising ab 1880, Freising 1996, S. 15f.

172 Todesanzeige Ignaz Neuburger, aus: Freisinger Tagblatt, 21.05.1928.

173 Vgl. Kochendörfer/Schmid: Freising unter dem Hakenkreuz, Freising 1983, S. 46.

174 Vgl. Pfeiffer, Sandra: Facharbeit Spuren jüdischen Lebens in Freising ab 1880, Freising 1996, S. 30, vgl. auch NS-Opfer-Bogen, Objekt-Nr. 394, Stadtarchiv München.

175 Vgl. Kennkarte Alfred Neuburger, 1938, Stadtarchiv Freising.

176 Vgl. Pfeiffer, Sandra: Facharbeit Spuren jüdischen Lebens in Freising ab 1880, Freising 1996, S. 13, vgl. auch NS-Opfer-Bogen, Objekt-Nr. 4062, Stadtarchiv München.

177 Vgl. Kennkarte Alfred Neuburger, 1938, Stadtarchiv Freising.

178 Vgl. Kriegsstammrollen, BayHStA, KrStR 4359, KrStR 14540, vgl. auch Pfeiffer, Sandra: Facharbeit Spuren jüdischen Lebens in Freising ab 1880, Freising 1996, S. 13f, vgl. auch Auskunft der Hochschule Reutlingen.

179 Unterschiedliche Geburtsdaten: 29. Januar 1891, 27. Februar 1891 vgl. hierzu Bundesarchiv (Hrsg.): Gedenkbuch für die Opfer der Verfolgung der Juden unter der nationalsozialistischen Gewaltherrschaft in Deutschland 1933-1945, URL: https://www.bundesarchiv.de/gedenkbuch/imprint.html.de (zuletzt aufgerufen: 22.07.2019), Stadtarchiv München (Hrsg.): Biographisches Gedenkbuch der Münchner Juden 1933-1945, München 2007, URL: https://www.muenchen.de/rathaus/Stadtverwaltung/Direktorium/Stadtarchiv/Juedisches-Muenchen/Gedenkbuch.html (zuletzt aufgerufen: 22.07.2019), vgl. auch Pfeiffer, Sandra: Facharbeit Spuren jüdischen Lebens in Freising ab 1880, Freising 1996, S. 14f.

180 Vgl. Pfeiffer, Sandra: Facharbeit Spuren jüdischen Lebens in Freising ab 1880, Freising 1996, S. 14, vgl. auch NS-Opfer-Bogen, Objekt-Nr. 394, Stadtarchiv München.

181 Vgl. Aufruf zum Boykott, aus: Freisinger Tagblatt 1933/78, 02.04.1933, S. 4.

182 Vgl. Artikel „Wie viel Juden gibt es noch in Freising" aus: Freisinger Tagblatt 1938/177, 02.08.1938, S. 2.

183 Städtische Polizei Freising „Betreff: Neuburger Siegfried, Oktober 1935, StAM LRA 116523 ‚Juden'" zitiert in: Hoyer, Guido: Verfolgung und Widerstand in der NS-Zeit. Gedenkorte im Landkreis Freising, Treuchtlingen 2015, S. 14.

184 Städtische Polizei Freising, LRA 116 523, Staatsarchiv München, zitiert in: Pfeiffer, Sandra: Facharbeit Spuren jüdischen Lebens in Freising ab 1880, Freising 1996, S. 48-50.

185 Zitiert in: Radlmaier, Thomas: Dunkle Jahre einer Stadt. Das Leiden der Freisinger Juden, in: Süddeutsche Zeitung 27.11.2013, URL: https://www.sueddeutsche.de/muenchen/freising/dunkle-jahre-einer-stadt-das-leiden-der-freisinger-juden-1.1829217 (zuletzt aufgerufen: 22.07.2019).

186 Vgl. Pfeiffer, Sandra: Facharbeit Spuren jüdischen Lebens in Freising ab 1880, Freising 1996, S. 52, vgl. auch Stadtarchiv München (Hrsg.): Biographisches Gedenkbuch der Münchner Juden 1933-1945, München 2007, URL: https://www.muenchen.de/rathaus/Stadtverwaltung/Direktorium/Stadtarchiv/Juedisches-Muenchen/Gedenkbuch.html (zuletzt aufgerufen: 22.07.2019).

187 Vgl. „Juden raus aus Freising", aus: Freisinger Tagblatt 1938/263, 11.11.1938, vgl. auch Foto Kaufhaus Neuburger nach der Vertreibung 1940, Stadtarchiv Freising, vgl. auch Foto Kaufhaus Neuburger am

11.11.1938, aus: Kochendörfer/Schmid: Freising unter dem Hakenkreuz, Freising 1983, S. 55, vgl. auch Polizeibericht vom 11.11.1938, Gestapo München, Staatsarchiv München, LRA 116 523.

188 Vgl. NS-Opfer-Bogen, Objekt-Nr. 397, Stadtarchiv München, vgl. auch Bundesarchiv (Hrsg.): Gedenkbuch für die Opfer der Verfolgung der Juden unter der nationalsozialistischen Gewaltherrschaft in Deutschland 1933-1945, URL: https://www.bundesarchiv.de/gedenkbuch/imprint.html.de (zuletzt aufgerufen: 22.07.2019).

189 Vgl. Stadtarchiv München (Hrsg.): Biographisches Gedenkbuch der Münchner Juden 1933-1945, München 2007, URL: https://www.muenchen.de/rathaus/Stadtverwaltung/Direktorium/Stadtarchiv/Juedisches-Muenchen/Gedenkbuch.html (zuletzt aufgerufen: 22.07.2019), vgl. auch NS-Opfer-Bogen, Objekt-Nr. 397 bzw. 394 bzw. 4062, Stadtarchiv München.

190 Vgl. Artikel „Deutsche unter Deutschen", aus: Freisinger Tagblatt 1938/266, 15.11.1938

191 Vgl. Arisierung Kaufhaus Neuburger, 1939, Stadtarchiv Freising, vgl. auch Arisierung Vermögen Neuburger, 1939, Stadtarchiv Freising.

192 Vgl. Arisierung Vermögen Neuburger, 1939, Stadtarchiv Freising.

193 Vgl. NS-Opfer-Bogen, Objekt-Nr. 4062, Stadtarchiv München.

194 Vgl. „Jäger-Bericht", Aufzeichnungen des SS-Standartenführers Karl Jäger, Führer „Einsatzkommando 3", 2. Bericht vom 01.12.1941, aus: URL: https://phdn.org/archives/www.david-irving.de/jaeger.html (zuletzt aufgerufen: 22.07.2019), vgl. auch Evakuierungsliste von Juden nach Riga aus dem Stapobereich München, S. 21, Listennummer 374, 375, 376, aus: http://www.statistik-des-holocaust.de/list_ger_bay_411120.html (zuletzt aufgerufen: 16.06.2018), vgl. auch Strnad, Maximilian: Kaunas, Fort IX, in: Stadtarchiv München (Hrsg.): Orte der Verfolgung. Deportationsziele und Todesorte, URL: https://www.muenchen.de/rathaus/dam/jcr/fd75e770-21e5-40a6-bfb3-6842ee966642/Orte%20der%20Vernichtung.pdf (zuletzt aufgerufen: 22.07.2019).

195 Vgl. Geburtsurkunde Moses Schülein, Nr. 114, Stadtarchiv Ingolstadt.

196 Vgl. Aufzeichnungen von Dr. Theodor Straub (Historiker aus Ingolstadt) über Adolph Schülein, vgl. auch Straub, Theodor/Douer, Alisa: Ingolstädter Gesichter. 750 Jahre Juden in Ingolstadt, Ingolstadt 2000, S.

255f, vgl. auch Vornamens-Widerruf eines Juden, München, den 3. Mail 1939, Polizeipräsidium Abt. 2/305, Stadtarchiv München.

197 Vgl. Aufzeichnungen von Dr. Theodor Straub (Historiker aus Ingolstadt) über Adolph Schülein, vgl. auch Straub, Theodor/Douer, Alisa: Ingolstädter Gesichter. 750 Jahre Juden in Ingolstadt, Ingolstadt 2000, S. 255f.

198 Vgl. Aufzeichnungen von Dr. Theodor Straub (Historiker aus Ingolstadt) über Adolph Schülein.

199 Vgl. Schülein Max Moses, in: Bundesarchiv (Hrsg.): Gedenkbuch für die Opfer der Verfolgung der Juden unter der nationalsozialistischen Gewaltherrschaft in Deutschland 1933-1945, URL: https://www.bundesarchiv.de/gedenkbuch/imprint.html.de (zuletzt aufgerufen: 22.07.2019).

200 Vgl. Klassenzeugnisse von Moses Schülein aus Ingolstadt, Stadtarchiv Ingolstadt.

201 Vgl. E-Mail von Frau Barbara Hutzelmann, Stadt München.

202 Vgl. Kriegsstammrollen BayHStA, KrStR 15157, KrStR 15369, KrStR 15416, KrStR 15374, 15396, KrStR 15141.

203 Vgl. Schülein, Max Moses, in: Bundesarchiv (Hrsg.): Gedenkbuch für die Opfer der Verfolgung der Juden unter der nationalsozialistischen Gewaltherrschaft in Deutschland 1933-1945, URL: https://www.bundesarchiv.de/gedenkbuch/imprint.html.de (zuletzt aufgerufen: 22.07.2019).

204 Vgl. Personenbeschreibung Israel Max Schülein vom 14.12.1938, Freising, Nr. 4496, Stadtarchiv Freising.

205 Vgl. „Wieviel Juden gibt es noch in Freising?", aus: Freisinger Tagblatt Nr. 177, 02.08.1938, S. 3, vgl. auch Stadtarchiv München (Hrsg.): Biographisches Gedenkbuch der Münchner Juden 1933-1945, München 2007, URL: https://www.muenchen.de/rathaus/Stadtverwaltung/Direktorium/Stadtarchiv/Juedisches-Muenchen/Gedenkbuch.html (zuletzt aufgerufen: 22.07.2019).

206 Vgl. Vornamensänderung des Juden Max Israel Schülein in München, Freising, den 25.5.1939, Nr. 1451 1.

207 Vgl. Stadtarchiv München (Hrsg.): Biographisches Gedenkbuch der Münchner Juden 1933-1945, München 2007, URL: https://www.muenchen.de/rathaus/Stadtverwaltung/Direktorium/Stadtarchiv/Juedisches-Muenchen/Gedenkbuch.html (zuletzt aufgerufen: 22.07.2019).

208 Vgl. Einwohnermeldekarte vom 02. 11. 1938, Stadtarchiv München, vgl. auch Stadt Freising (Hrsg.): Vier neue Stolpersteine in Freising. Gedenken an Opfer des Naziterrors, 2016, URL: https://www.freising.de/rathaus/online-dabei/neue-stolpersteine/ (zuletzt aufgerufen: 22.07.2019).

209 Vgl. Familienbogen Elisabeth Ida Anna Reißermayer, Stadtarchiv München.

210 Vgl. Einwohnermeldekarte vom 02. 11. 1938, Stadtarchiv München.

211 Vgl. Kennkartendoppel Emma Reißermayer, EMA-NS, Stadtarchiv München.

212 Vgl. ITS, Transportliste von Juden aus der Stadt München, Stadtarchiv München, vgl. auch Stadtadressbuch, Stadtarchiv München.

213 Vgl. Deportationsliste Emma Reißermayer, OFD 4258 Staatsarchiv München, vgl. auch Stadt Freising (Hrsg.): Vier neue Stolpersteine in Freising. Gedenken an Opfer des Naziterrors, 2016, URL: https://www.freising.de/rathaus/online-dabei/neue-stolpersteine/ (zuletzt aufgerufen: 22.07.2019).

214 Vgl. „Deutsche unter Deutschen", aus: Freisinger Tagblatt 1938/266, 15.11.1938.

215 Vgl. Stadtarchiv München (Hrsg.): Biographisches Gedenkbuch der Münchner Juden 1933-1945, München 2007, URL: https://www.muenchen.de/rathaus/Stadtverwaltung/Direktorium/Stadtarchiv/Juedisches-Muenchen/Gedenkbuch.html (zuletzt aufgerufen: 22.07.2019).

216 Vgl. Pfoertner, Helga: Mit der Geschichte leben. Mahnmale, Gedenkstätten, Erinnerungsorte für die Opfer des Nationalsozialismus in München 1933-1945 (Bd. 2), München 2003, S. 49.

217 Vgl. Stadtarchiv München: „verzogen, unbekannt wohin". Die erste Deportation von Münchner Juden im November 1941, Zürich 2000.

218 Vgl. Pfoertner, Helga: Mit der Geschichte leben. Mahnmale, Gedenkstätten, Erinnerungsorte für die Opfer des Nationalsozialismus in München 1933-1945 (Bd. 2), München 2003, S. 52.

219 Vgl. Pfoertner, Helga: Mit der Geschichte leben. Mahnmale, Gedenkstätten, Erinnerungsorte für die Opfer des Nationalsozialismus in München 1933-1945 (Bd. 2), München 2003, S. 50.

220 Vgl. Strnad, Maximilian: Zwischenstation „Judensiedlung". Verfolgung und Deportation der jüdischen Münchner 1941-1945 (Studien zur Jüdischen Geschichte und Kultur in Bayern, Bd. 4), München 2011, S. 172-174.

221 Vgl. Strnad, Maximilian: Zwischenstation „Judensiedlung". Verfolgung und Deportation der jüdischen Münchner 1941-1945 (Studien zur Jüdischen Geschichte und Kultur in Bayern, Bd. 4), München 2011, S. 150f, 159f., 171.

222 Vgl. Pfoertner, Helga: Mit der Geschichte leben. Mahnmale, Gedenkstätten, Erinnerungsorte für die Opfer des Nationalsozialismus in München 1933-1945 (Bd. 2), München 2003, S. 49-53.

223 Vgl. Stadtportal München (Hrsg.): Clemens-August-Straße, 2017, URL: https://stadt-muenchen.net/strassen/d_strasse.php?strasse=Clemens-August-Stra%C3%9Fe (zuletzt aufgerufen: 22.07.2019).

224 Vgl. München Wiki (Hrsg.): Judendeportationen aus München, 2019, URL: https://www.muenchenwiki.de/wiki/Judendeportationen_aus_München (zuletzt aufgerufen: 22.07.2019).

225 Vgl. Heusler, Andreas/ Schmidt, Brigitte/ Strnad, Maximilian: Die Einrichtungen der israelitischen Kultusgemeinde München während der NS-Zeit, URL: https://www.muenchen.de/rathaus/dam/jcr:fb6423e6-04a2-446c-be8c-7f8ba4fec5ee/Einrichtungen%20der%20Israelitischen%20Kultusgemeinde.pdf (zuletzt aufgerufen: 22.07.2019).

226 Vgl. Münchner Weg der Erinnerung: Münchner Gedächtnisort. Familie Fränkl, in: Gedenken an den 9. November 1938 Israelitische Kultusgemeinde München, URL: https://www.gedenken9nov38.de/fraenkel/ (zuletzt aufgerufen: 22.07.2019).

227 Vgl. Heusler, Andreas/ Schmidt, Brigitte/ Strnad, Maximilian: Die Einrichtungen der israelitischen Kultusgemeinde München während der NS-Zeit, URL: https://www.muenchen.de/rathaus/dam/jcr:fb6423e6-04a2-446c-be8c-7f8ba4fec5ee/Einrichtungen%20der%20Israelitischen%20Kultusgemeinde.pdf (zuletzt aufgerufen: 22.07.2019).

228 Vgl. Heusler, Andreas/ Schmidt, Brigitte/ Strnad, Maximilian: Die Einrichtungen der israelitischen Kultusgemeinde München während der NS-Zeit, URL: https://www.muenchen.de/rathaus/dam/jcr:fb6423e6-04a2-446c-be8c-7f8ba4fec5ee/Einrichtungen%20der%20Israelitischen%20Kultusgemeinde.pdf (zuletzt aufgerufen: 22.07.2019).

229 Dazu und im Folgenden vgl. Maximilian Strnad: Flachs für das Reich. Das jüdische Zwangsarbeitslager „Flachsröste Lohhof" bei München, München 2013, vgl. auch Heusler, Andreas/ Schmidt, Brigit-

te/ Strnad, Maximilian: Die Einrichtungen der isra-elitischen Kultusgemeinde München während der NS-Zeit, URL: https://www.muenchen.de/rathaus/dam/jcr:fb6423e6-04a2-446c-be8c-7f8ba4fec5ee/Einrichtungen%20der%20Israelitischen%20Kultus-gemeinde.pdf (zuletzt aufgerufen: 22.07.2019).

230 Dazu und im Folgenden vgl. Streim, Alfred: Art. Auschwitz, in: Benz, Wolfgang/Graml, Hermann/Weiß, Herrmann: Enzyklopädie des Nationalsozialis-mus, München 1997, S. 381-383, vgl. auch Oertle, Jenny: Das Konzentrations- und Vernichtungslager Auschwitz, Deutsches Historisches Museum, Berlin, 15.05.2015, URL: https://www.dhm.de/lemo/kapitel/der-zweite-weltkrieg/voelkermord/konzentra-tions-und-vernichtungslager-auschwitz.html (zuletzt aufgerufen: 22.07.2019).

231 Dazu und im Folgenden vgl. Scriba, Arnulf: Der NS-Völkermord, Deutsches Historisches Museum Berlin, 20.08.2014, lemo, URL: https://www.dhm.de/lemo/kapitel/der-zweite-weltkrieg/voelkermord.html (zu-letzt aufgerufen: 22.07.2019), vgl. auch Matthäus, Jürgen: Art. Kauen (Ghetto/KZ), in: Benz, Wolfgang/Graml, Hermann/Weiß, Herrmann: Enzyklopädie des Nationalsozialismus, München 1997, S. 542f., vgl. auch „Jäger-Bericht", Aufzeichnungen des SS-Stan-dartenführers Karl Jäger, Führer „Einsatzkommando 3", 2. Bericht vom 01.12.1941, aus: URL: https://phdn.org/archives/www.david-irving.de/jaeger.html (zuletzt aufgerufen: 22.07.2019).

232 Dazu und im Folgenden vgl. München Wiki (Hrsg.): KZ Piaski, 2017, URL: https://www.muenchenwiki.de/wiki/KZ_Piaski (zuletzt aufgerufen: 22.07.2019), vgl. auch "Piaski Luterskie". Encyclopedia of Jewish Com-munities in Poland, URL: https://www.jewishgen.org/yizkor/pinkas_poland/pol7_00384.html (zuletzt auf-gerufen: 22.07.2019).

233 Artikel über Piaski Luterskie, in: Miron, Guy (Hrsg.): The Yad Vashem encyclopedia of the ghettos during the Holocaust (Bd. 2), Jerusalem 2009, S. 584f.

234 Dazu und im Folgenden vgl. Apel, Linde: Das Ghet-to Theresienstadt, Deutsches Historisches Museum Berlin, 06.09.2002, lemo, URL: https://www.dhm.de/lemo/kapitel/der-zweite-weltkrieg/voelkermord/ghetto-theresienstadt.html (zuletzt aufgerufen: 22.07.2019), vgl. auch Benz, Wolfgang: Art. Theresi-enstadt, in: Benz, Wolfgang/Graml, Hermann/Weiß, Herrmann: Enzyklopädie des Nationalsozialismus, München 1997, S. 757f.

235 Vgl. Informationen aus dem Stadtarchiv Mün-chen, Sachbearbeiterin Brigitte Schmidt, Stand 2016, vgl. auch Mail von Robert Bierschneider vom

StAM (Bestellsignatur: Amtsgericht München, NR 1966/6665).

236 Vgl. Entschädigungsakte Ilse Holzer, LEA 17454, Staatsarchiv München.

237 Vgl. Entschädigungsakte Ilse Holzer, LEA 17454 Staatsarchiv München.

238 Vgl. Entschädigungsakte Ilse Holzer, LEA 17454, Staatsarchiv München.

239 Vgl. Entschädigungsakte Ilse Holzer, LEA 17454, Staatsarchiv München.

240 Vgl. Grab Martin Holzer, Neuer Israelitischer Friedhof München, Sektion 17, Reihe 11, Grab 11.

241 Vgl. Informationen aus dem Stadtarchiv München, Sachbearbeiterin Brigitte Schmidt, Stand 2016.

242 Akte BFD1 849, Staatsarchiv München.

243 Vgl. Angaben des Standesamtes Töging am Inn.

244 Vgl. Akte BFD 1, 849, Staatsarchiv München.

245 Vgl. Polizeiakte des Polizeipräsidiums München, Stadtarchiv München, vgl. auch: Fritz, Eva: Die Bau-geschichte des Marcushauses am Freisinger Mari-enplatz, in: Götz, Ulrike (Hrsg.): 42. Sammelblatt des Historischen Vereins Freising, Freising 2012, S. 146.

246 Vgl. Sterbeurkunde, Gemeine Töging am Inn.

247 Vgl. Auskunft aus dem Archiv Gräfelfing, vgl. auch Stadt Freising (Hrsg.): Vier neue Stolpersteine in Frei-sing. Gedenken an Opfer des Naziterrors, 2016, URL: https://www.freising.de/rathaus/online-dabei/neue-stolpersteine/ (zuletzt aufgerufen: 22.07.2019).

248 Vgl. Stolpersteine (Hrsg.): Stolpersteine, URL: http://www.stolpersteine.eu/start/ (zuletzt aufgerufen: 22.07.2019).

Bildnachweis

Abbildung 6: Stadtarchiv München KKD Hanna Holzer.

Abbildung 7: Stadtarchiv München KKD Ilse Holzer.

Abbildung 8: Universitätsarchiv München (UAM), Stud-Kart I, Holzer, Martin.

Abbildung 9: ursprünglich Yad Vashem Archives, 0.64/227, abgedruckt bei: http://statistik-des-holocaust.de/list_ger_bay_420603.html (zuletzt aufgerufen: 22.07.2019).

Abbildung 10: ursprünglich Historisches Archiv der Commerzbank, HAC-500/3774-2000, abgedruckt bei: http://statistik-des-holocaust.de/list_ger_bay_420404.html (zuletzt aufgerufen: 22.07.2019).

Abbildung 11: BayHStA, KrStR 6624.

Abbildung 12: Auszug aus Korrespondenzakte von Siegfried Holzer (T/D 476269), 24.10.1956, 6.3.3.2/100381421, ITS Digital Archive, Arolsen Archives.

Abbildung 13: Universitätsarchiv Greifswald (UAG), Jur. Diss. Nr. 2355, Aberkennung der Doktorwürde Hedda von Marck.

Abbildung 14: ursprünglich Historisches Archiv der Commerzbank, HAC-500/3774-2000, abgedruckt bei: http://statistik-des-holocaust.de/OT420713-2.jpg (zuletzt aufgerufen: 22.07.2019).

Abbildungen 15, 27: Stadtarchiv Freising, Akten III.

Abbildung 16: BayHStA, KrStR 14010.

Abbildungen 17, 23, 28: Offizieller Führer zum Freisinger Volksfest, 1929, Privatbesitz Michael Völkl.

Abbildung 18: Sammlung Deppisch des Historischen Vereins Freising.

Abbildung 19: Freisinger Tagblatt Nr. 240, 14.10.1938, S. 8.

Abbildungen 20, 24, 30, 35, 38, 44, 46: Stadtarchiv Freising, Fotosammlung.

Abbildung 21: Stadtarchiv München KKD Marcus Lewin.

Abbildung 22: Freisinger Tagblatt wahrscheinlich 1904.

Abbildung 25: Auszug aus der Inhaftierungsbescheinigung von Markus Lewin (T/D 744784), 20.11.1958, 6.3.3.2/105313151, ITS Digital Archive, Arolsen Archives.

Abbildung 26: Stadtarchiv München KKD Hildegard Lewin.

Abbildung 29: abgedruckt bei, dort kein Archivort verzeichnet: Straub, Theodor / Douer, Alisa: Ingolstädter Gesichter. 750 Jahre Juden in Ingolstadt, Ingolstadt 2000, S. 122.

Abbildung 31: abgedruckt bei, dort Privatbesitz angegeben: Hoyer, Guido: Verfolgung und Widerstand in der NS-Zeit. Gedenkorte im Landkreis Freising, Treuchtlingen 2015, S. 27.

Abbildung 32: Privatbesitz Bastian Christof.

Abbildung 33: Stadtarchiv Freising, Fotosammlung (Album Steinecker).

Abbildungen 34, 36, 39, 41, 43, 47: Privatbesitz Julia Christof.

Abbildung 37: Postkarte, undatiert.

Abbildung 40: Kochendörfer, Sonja / Schmid, Toni: Freising unter dem Hakenkreuz, Freising 1983, S. 55.

Abbildung 42: Kochendörfer, Sonja / Schmid, Toni: Freising unter dem Hakenkreuz, Freising 1983, S. 44.

Abbildung 45: Privatbesitz Paulina Gastl.

Abbildungen 48, 49: Ausstellungsplakate, Teil des Wettbewerbsbeitrags zum Geschichtswettbewerb des Bundespräsidenten 2018/19, Körber-Stiftung.

Coverbild (Hintergrund): Privatbesitz Paulina Gastl.

Coverbild (Porträts, 1. Umschlagseite): siehe Angaben zu Abb. 1, 2, 3, 4, 5, 6, 7, 8, 21, 26, 27, 29.

Coverbild (Ausstellung, 4. Umschlagseite): Privatbesitz Paulina Gastl.

Coverbild (Autorenbild, 4. Umschlagseite): Privatbesitz Tobias Spielmannleitner.

Bild der Beiträgerinnen und Beiträger: Privatbesitz Paulina Gastl.

Karte der Lebenswege: Wikimedia Commons 3.0, San Jose (Autor), erstellt auf der Basis von Generic Mapping Tools: http://gmt.soest.hawaii.edu/, URL: https://commons.wikimedia.org/wiki/File:Europe_countries_map_2.png (zuletzt aufgerufen: 22.07.2019).

Stolpersteine im Kapitel „Was bleibt": Privatbesitz Paulina Gastl.

Hintergrundfoto der Kapitel-Überschriften: Privatbesitz Paulina Gastl.

Notizzettel: Pixabay

Notizen

Notizen

Weitere Schulprojekte der edition riedenburg

editionriedenburg.at

Heike Wolter

Wenn der Krieg um 11 Uhr aus ist, seid ihr um 10 Uhr alle tot – Sterben und Überleben im KZ-Außenlager Obertraubling

Im heutigen Neutraubling – bis zum Ende des Zweiten Weltkriegs dem Fliegerhorst Obertraubling – befand sich zwischen Februar und April 1945 ein Außenlager des Konzentrationslagers Flossenbürg. Lange war das Thema KZ in Obertraubling und Neutraubling ein Tabu. Nun hat sich ein Schulprojekt dieses dunklen Flecks in der Geschichte beider Orte angenommen.

Ehemalige Häftlinge, die noch heute in den USA leben, halfen zudem, ein umfassendes Bild des Lagers zu zeichnen. Im Fokus steht auch die schwierige Erinnerungskultur in den betroffenen Gemeinden.

76 Seiten Paperback • ISBN: 978-3-902647-49-8

Anja Kotter | Silke Kramarz

Uff dem Hamer – Arbeit im Wandel der Zeit: Das Walzwerk Kreuztal-Eichen im Portrait

„Uff dem Hamer" sagte man, wenn man im Hammerwerk tätig war, und zum „Hamer" gehen die Menschen noch heute, wenn sie ihren Arbeitsplatz im Walzwerk Eichen der ThyssenKrupp Steel Europe aufsuchen. Wenn auch der Name umgangssprachlich geblieben ist: Die Arbeitswelt hat sich radikal gewandelt. Von diesen Veränderungen berichten im Buch langjährige Mitarbeiter, aber auch neu hinzugekommene Arbeiter des Werks.

Die SchülerInnen des Projektkurses untermauern ihre Aussagen durch Archiv-Recherchen und Forschungsergebnisse. Herausgekommen ist eine spannende Reise durch die Geschichte des Arbeitens, reich bebildert mit bisher unveröffentlichten historischen Fotografien zur Werksgeschichte.

72 Seiten Paperback • ISBN: 978-3-902943-50-7

Weitere Schulprojekte der edition riedenburg

editionriedenburg.at

Heike Wolter

In einer Stadt vor unserer Zeit – 10 Spaziergänge durch die Geschichte von Regensburg

Abseits typischer Ansichten tauchen Sie in eine Stadt vor unserer Zeit ein. Die Ringbindung liegt gut in der Hand, und Sie können bei Bedarf die Stationen auch vorher in Ihr GPS-Gerät eingeben, um sich ganz „modern" führen lassen. An allen Punkten begegnen Ihnen (teilweise verbürgte) historische Personen: Quintus Agilius, George Etherege, Charlotte Brandis und viele mehr. Ihre Äußerungen sind (meist) erdacht, doch sorgfältig recherchiert. So könnte es tatsächlich gewesen sein, so könnten sie gesprochen haben...

Lassen Sie sich mitnehmen auf spannende Ausflüge durch die Stadt, in der Sie zu Besuch oder aber zu Hause sind, und lernen Sie die ungewöhnlichen Seiten Regensburgs kennen. Auf geht's!

72 Seiten Ringbuch • ISBN: 978-3-902647-81-8

Elisabeth Doetter

Die Geschichte von der linken Hand – 8 Spürnasen auf Zeitreise

Viele Jahrhunderte lang galt Linkshändigkeit als etwas Negatives. Erst seit relativ kurzer Zeit werden Linkshänder „normal" behandelt. Das zeigt sich besonders in der Schule, beim Schreiben und beim Schreibenlernen. Acht Spürnasen aus der Grundschule Burgweinting beschlossen daher: Am spannendsten ist die Innenseite der Außenseiter. Sie informierten sich gründlich über Linkshänder in längst vergangenen Zeiten, erstellten Schautafeln und Bilder und interviewten einige, die schon vor ihnen die Schule aus dem linken Ärmel geschüttelt haben.

Die Zeitreise hat jedenfalls Folgendes bewiesen: Es ist eigentlich ganz normal, ziemlich verschieden zu sein.

52 Seiten Paperback • ISBN: 978-3-902943-88-0

Weitere Schulprojekte der edition riedenburg

editionriedenburg.at

Johannes Taschner | Andrea Cornelius

Die Josefsgeschichte – Von Kindern für Kinder erzählt und gezeichnet. Mit Anleitungen für eine kreative Schreib- und Theaterwerkstatt

Kinder sind großartige Geschichtenerzähler! Wie also erzählen sich Kinder die Bibel? Der evangelische Religionskurs der Klasse 5 des Comenius-Gymnasiums in Düsseldorf hatte die Aufgabe, die Josefsgeschichte in eigene Worte zu fassen. Dabei stellte sich heraus, dass die Schülerinnen und Schüler den Nacherzählungen ihrer Klassenkameraden mit einer bislang nicht gekannten Intensität lauschten. In Kooperation mit den Kunstkursen dieser Jahrgangsstufe waren sie darüber hinaus eingeladen, ihren eigenen inneren Vorstellungen von den biblischen Figuren Ausdruck zu verleihen. Alle hatten ihre Freude an den entstandenen Texten und Bildern – und die Idee, ein Bibelbuch von Kindern für Kinder zu machen, entfachte ein Feuer der Begeisterung.

Begleitet wurden die jungen AutorInnen und ZeichnerInnen von ihrem Schulpfarrer Dr. Johannes Taschner und der Kunstlehrerin Andrea Cornelius.

72 Seiten Paperback • ISBN: 978-3-902647-50-4